Humble Consulting
How to Provide Real Help Faster

謙虚な
コンサルティング

クライアントにとって
「本当の支援」とは何か

エドガー・H・シャイン
Edgar H. Schein
金井壽宏 監訳
野津智子 訳

英治出版

HUMBLE CONSULTING

by Edgar H. Schein

本書を、亡き妻メアリーに捧げる。
「謙虚なコンサルティング」の重要性に
私がまだ気づかないうちから、
彼女はそれを実践していた。

『謙虚なコンサルティング』目次

3 互いを信頼し、率直に話のできる、レベル2の関係の必要性 63

4 謙虚なコンサルティングは最初の会話から始まる 131

7 新しいタイプのアダプティブ・ムーヴ 275

監訳者による序文

神戸大学大学院経営学研究科教授　金井壽宏

思い出してみてほしい。これまでの人生で、相談を受けて相手の役に立つことができたと心から思える経験はあるだろうか。その時あなたはどんな姿勢で相手に向き合い、どんな言葉を投げかけただろうか。

私自身はどうかといえば、これは本当に相手のためになったと思えるエピソードが、確かに一つや二つはすぐに頭に浮かぶ。だが同時に、役に立ちたいと強く思っていたのに、結果として何も生みだすことができなかった苦い思い出も、多く思い起こされる。

うまくいった時とうまくいかなかった時の違いは、はたして何だったのだろうか。相談相手も状況もそれぞれ異なる中で、これだけはおさえるべき原則、というようなものはあるのだろうか。

会議室や職場、食事の席、あるいは電話やメールを通じて、私たちは日々相談を受けている。クライアントからの相談、上司や部下や同僚からの相談、旧友からの思いがけない相談。誤解を恐れずいえば、仕事の多くは「相談」から始まっている。

誰かに相談されたとき、どうすれば相手の役に立つことができるだろうか？

人生やビジネスにおけるこの重大な問いに答えるのが、本書である。

著者のエドガー・H・シャイン先生は、マサチューセッツ工科大学（ＭＩＴ）の名誉教授であり、組織心理学と組織開発の第一人者である。コンサルティングの世界の常識を覆した「プロセス・コンサルテーション」や、世界中の人々の職業観に多大な影響を与え続けている「キャリア・アンカー」などのコンセプトを次々に生み出し、経営学の世界ではもはや伝説的な存在だ。

シャイン先生は、日本でいう米寿を迎えた今もなお、意欲的に研究や教育やコンサルティングをされている。そして今回、新たに私たちに提供してくれたコンセプトが、「謙虚なコンサルティング」である。私は、かつてシャイン先生のもとで学び、以来三〇年以上にわたって親しくさせていただいており、そのご縁から、『人を助けるとはどういうことか』、『問いかける技術』に続いて、本書の監訳を引き受けさせていただいた。

大学の助手になる前のこと、ある戦略コンサルティング会社の採用面接でこう言われたことをいまだに覚えている。「金井さん、ここでコンサルタントをやると、クライアントから嫌われますが、それでもいいですか」。当時はよく意味がわかっていなかったが、こう考えると合点がいく。駆け出しの若手コンサルタントが、社長や経営企画室長に対して「はい、これが答えです」と彼らには解けなかった問題の「解」を提供する。コンサルタントは先生と拝まれ、クライアントよりも「一段高い位置にいる（one up）」ように錯覚し、一歩間違えれば横柄になり、そして、考えるまでが仕事であって実行の責任は持たない。

こうした内容そのものを提供するコンサルティングとは異なる、新機軸を打ち出したのがシャイン先生だ。クライアント自身が、納得感のある解を自ら探っていけるよう支援することが最も大切であると説き、このプロセス・コンサルテーションという概念は、コンサルタントにとって新しい常識となった。そして、この考え方を実践するための姿勢や哲学こそが、「謙虚なコンサルティング」なのである。

本書の原題は、*Humble Consulting: How to Provide Real Help Faster* であり、「謙虚なコンサルティング」の特徴は、副題の「本当の支援を速やかに行う方法」に表れている。「本当の支援を速やかに行う」とはどういうことか。本文のなかで、シャイン先生はこう説明している。

コンサルタント（自分）の手助けによって、クライアント（相手）が、
（1）問題の複雑さと厄介さを理解し、
（2）その場しのぎの対応や反射的な行動をやめて、
（3）本当の現実に対処すること
が、本当の支援なのである。

注目すべきは、主語が「クライアント」である点だ。

コンサルタントは自分で答えを出すのではなく、クライアントが自ら道を見出せるよう支援しなければならない――いまでは多くの読者がこの重要性を認めており、改めて注目するほどのことではないと思われるかもしれない。だが、実現するのは容易ではなく、つい介入してしまったり答えを押し付けてしまったり、あるいは自分の考えを受け入れようとしない相手の態度を不満に思ったりしてしまう。コンサルティングや支援の場において、折に触れて立ち返るべき視点だと言えるだろう。

さらに、今日の組織が直面している問題は、複雑かつ多様かつ不確実だ。ハーバード・ケネディスクールのロナルド・A・ハイフェッツ教授は、解決に必要な知識や技術が自明でない問題を「適応を要する課題」と呼んだ。解き方がすでにわかっている「技術的な課題」であれば専門家や熟練者が問題解決に導くことができる。だが「適応を要する課題」に取り組むために

は、クライアント自身が学習し続けて、ものの見方、世界のとらえ方を変えていく（適応していく）必要があるとハイフェッツ教授は言う。

つまり、今日の組織が直面している「適応を要する課題」においては、コンサルタントをはじめとする外部者がいくら組織を「診断」したところで、問題の本質をつかむのはきわめて困難だということだ。さらには、仮に外部者から優れた解決策が提案されたとしても、内部者（クライアント）は問題を見て見ぬふりしたり、拒絶したりすることが往々にしてある。だから、「クライアント」が主語となり、前述の（1）から（3）を自ら実行する必要があるのである。

自分が手助けすることによって、相手が「気づく」ことに集中する——これが、シャイン流コンサルティング最大の特徴といえよう。コンサルタントや支援者の「問いかけ」や「聴く姿勢」によって、クライアントは自分自身にとって本当に気がかりなことや、これまで目を背けていた大切なことに気づく——この一点に集中することが、「本当の支援」だとシャイン先生は考える。

そして、「なるほど」「そういうことか」といった気づきがクライアントにもたらされることによって、クライアントが打つべき「次の一手」もおのずと明らかになる。だから、「本当の支援は速やかに行う」ことができるのである。本当の支援というと、じっくり時間をかけて行うべきことのように感じられるかもしれないが、本書に登場するシャイン先生ご自身の豊富な事例を見ていくと、驚くべきことに、本当の支援は速やかに行われていることがわかる。なかでも、CASE1のコンサルティングは圧巻だ。

「それであなたはどうしましたか」

この一言で、クライアントであるCEOとCOOは、いま自分たちが本当にやるべきことに気づき、当初の考えとは全く異なる、より実効性の高い「次の一手」を見出すことができた。詳しくは本文に譲るが、この場面でシャイン先生が「それであなたはどうしましたか」と問いかけたのは偶然ではなく、確かな理由があり、「本当の支援を速やかに行う」ためには原則があるのだ。

企業には、社是・社訓・理念というような基盤が必要だが、他方で、組織や組織の文化を効果的に、しなやかに変えていくような技法も必要である。シャイン先生が開発したプロセス・コンサルテーションや、今回の「謙虚なコンサルティング」は、そのための手法として有効であり続けるだろう。

クライアントの役に立ちたいと願うコンサルタントの方々はもちろん、部下や同僚の力になりたいマネジャーやリーダーにとっても、本書は必携の一冊といえるだろう。さらに、職場や会議室に限らず、学校のクラブやサークル、そして親子の対話の場にも十分に活用できる。本書で紹介されている謙虚な問いかけや聴き方を、ぜひ仕事や生活のいろいろな場面で実践していただきたい。

編集部注

・読みやすさを勘案し、一部、原書にはない改行を追加した。

・理解を深める一助として、一部、原書にはない括弧や傍点を挿入した。

・未邦訳の書籍は仮題のあとの括弧に原題を記載した。

はじめに

　本書は、私が五〇年以上にわたり、研究や教育やコンサルティングを行うなかで発見したこと、考えたことをまとめたものである。そこには、変化の激しいこの世界で組織が直面する問題によって、そうした考えがどのように進化することになったかも映し出されている。

　一九六〇年代、人間関係論（ヒューマン・リレーションズ）のトレーナーおよび非常勤コンサルタントとしてキャリアを積み始めた頃に、私はプロセス・コンサルテーションというモデルを考案した。具合の悪い部分と、その部分について何ができるかを見出すプロセスに、クライアントを含めるべきだと強く主張したのだ（詳細は、一九六九年の『職場ぐるみ訓練の進め方』〈産業能率短期大学出版部〉および一九九九年の『プロセス・コンサルテーション』〈白桃書房〉で述べている）。

　その後、数十年にわたり、このモデルを使って仕事をしたり著作を改訂したりするうちに、組織および経営コンサルティングに用いているこのモデルが、実はもっと広く、あらゆる種類の支援関係に使えることがわかってきた。そこで出版したのが、二〇〇九年の『人を助けるとはどういうことか』（英治出版）である。支援のプロセスを社会学的な観点から分析することによってさらに明らかになったのは、そうしたプロセスでクライアントとコンサルタントがそれぞれ果たすべきだと思われる役割について、われわれの文化的規範がいかに大きな影響をもたらしているかということだった。

支援者としての私自身の経験から言えば、重要なのはおそらく、どんな問題に悩まされているかをクライアントが隠さず話せること、それも遠慮なく安心して話せることだった。さらに気づいたのは、そのように話すのをさまたげる要因として、アメリカの文化が大きく影響していることだった。それは「自分が話す」ことを理想的だとする文化であり、ひいては支援やコンサルティングを行う場合も、まず「診断」し、次いで「助言の名のもとに、自分が話す」というスタイルが、コンサルティングのお決まりのパターンになったのである。経営コンサルタントをしている友人は「本気で仕事をしようと思うなら、ぜひ必要なことだ」と言ったが、驚いたことに、クライアントのほうもたいてい、そういうものだと素直に信じているのだった。

「話す」ことへの執着がアメリカ経営文化の大きな特徴になっていることに気づいた私は、二〇一三年に『問いかける技術』（英治出版）を著し、次のように指摘した。「上司に報告する」際に部下に心理的不安を感じさせると、大変な悪影響を生む可能性がある。たとえ、仕事の仕方においては、安全や品質の問題に十分配慮されていると部下が実感できたとしてもだ、と。

私自身のコンサルティングでも、「自分が話す」のはうまくいかないことがわかった。さらには、私にコンサルティングを求めるクライアントの多くが、「診断し、次いで助言する」という型どおりのアプローチによるコンサルティングをすでに受けたものの、あまり効果がないと気づいていることもわかった。お決まりのアプローチでは、本当の問題が見過ごされたり、さまざまな理由から実行できない、おそらくコンサルタント自身できると思っていない方法を提案されたりする場合が少なくなかったのだ。

その一方で、リーダーや経営者に突きつけられる問題は以前に比べ、診断にいっそう手間がかかり、「解決する」のがはるかに難しくなった。そんななか、本書で紹介するような事例を通して私が気づいたのは、クライアントと初めて話をしたときに私が伝えた質問や見解や疑問が大きなヒントになって、クライアントが状況を理解したり深く考えたりできるようになる場合があることだ。結果として、ただちにとる次の行動、それも支援者とクライアントのどちらもが即効性があると思う行動を、クライアントが思いつくこともしばしばだった。

こうした経験から、私はそれまでのモデルを超えて、自分が今、身をもって感じていること――本当の支援はすぐに行うことができるが、それには支援者がクライアントと最初の瞬間から率直に話のできる信頼関係を築く必要があること――を書こうと思うようになった。問題が難しく複雑であることや、この関係においては現状に対するクライアント自身の見方がとても重要であることを考えると、本当の支援を行うには、コンサルタントがきわめて謙虚になることも欠かせない。そこで本書では次の点について述べようと思う。新たなタイプの問題、コンサルタントとクライアントが築くべき新たな関係、そして、たしかな支援を行うためにコンサルタントが学ぶべき新たな姿勢や行動について、である。

本書は自分の考えが発展した結果だと私は思っている。これから述べる考えのなかには過去の著書でそれとなく述べたものも多々あるかもしれないが、これこそが真実だというひらめきとしても、新たな原則としても、今ようやくはっきりとした形を持ち始めている。新たな原則とは、行動についての原則だ。複雑で、ダイナミックなまでに「厄介な」問題に関して本当に力になりたいと思うなら、それも、早く力になりたいと思うなら（状況に適うことをクライアントはただちにする必要があるためだ）、然るべき行動が必ずあるのだ。

本書の位置づけ

複雑性や相互依存、多様性、不安定性についてはすでに多くのモデルがあり、そのなかのさまざまな要素を、本書は活用している。ただ、支援に関するおよそあらゆる理論が「人間関係」という概念を扱っているものの、関係の「レベル」や、それを決めるのに何が深く関わっているかに触れているものとなると、ほとんどない。唯一の例外はオットー・シャーマーの『U理論』（英治出版）だ。そこでは、イノベーションの本当の源（ソース）を見つけるために、自分自身のなかで、また人間関係のなかで、どうすれば最も深いレベルに到達できるかが分析され、会話のレベルに明確な違いがつけられている。

そういった種類の問題を理解し、有効な「次の一手」を生み出すのにきわめて重要な理論とモデルを最初にまとめたのは、「ルース・カップリング」「センスメーキング」「間違いを受け容れる」「レジリエンス」という概念を用いて行われた、高信頼性組織に関するカール・ワイクの研究だった（ワイク&サトクリフ、二〇〇七年）。社会学的な側面では、アーヴィング・ゴッフマンの相互作用と「状況適合性」についての分析が（ゴッフマン、一九五九、一九六三、一九六七年）、人間関係を築き、維持し、壊れたときに修復する方法を理解するのに不可欠なモデルだと、私はかねてより思っている。

「組織学習」という体系的モデル（センゲ、一九九〇年など）や家族療法（マダネス、一九八一年など）も深い関わりがある。「マインドフルネス」についての研究（ランガー、一九九七年）は、新たなスキルとして今後必要になると私が思うもののなかでとくに重要だ。また、いわゆるリーン生産方式による改善プログラム――デミングとジュランの研究を基にし、トヨタ生産方式から発展したプログラム――は、もしうまく実行され、実際に作業する従業員を巻き込むなら、意義のあるものだ（プルセック、二〇一四年）。さらには、タビストック・クリニックによって展開された、問題の特定と解決のためのオープン社会技術システム論は、評価・分析・問題解決という標準的な手法よりはるかに役立つアイデアを提供してきた。

もしかしたら最も重要なのは、ブッシュとマーシャク（二〇一五年）がこの一〇年のあいだに明らかにしてきた「対話型組織開発」かもしれない。これは、ハイフェッツ（一九九四年）

のようなリーダーシップ論者たちも強調すること——今日の複雑な問題は、所定の方法を使えば解決できる技術的な問題ではないこと——に焦点を当てる際に、「診断型組織開発」と対比して論じられるものである。

私たちにできる最善のことは何だろう。それは効果的な反応、すなわち本書で私が「アダプティブ・ムーヴ」と呼ぶものを見つけることだ。そのためには、対話型の、いっさい制限のない、新たなタイプの会話が必要になる。ここで、「ムーヴ」の意味を強調しておきたい。ムーヴ（行為）といっても、それは、「計画や解決策を念頭に置いているとは限らない行為」のことだからである。

突きつめてみれば、私が拠り所にしているのは、メイン州ベセルにある全米教育訓練研究所（NTL）の人間関係ラボラトリーで、感受性訓練グループを運営していたときに学んだことだ。運営理念は「探究心」であり、学習プロセスによってどこへ導かれるか必ずしもわかるわけではないと受け容れることだった（シャイン&ベニス、一九六五年）。また、当時の目標はクライアントが「学び方を学べる」関係を築くことだったが、それは今では「謙虚なコンサルティング」の、ますます重要な目標の一つになっている。

「探究心」は今日、ビル・アイザックスによって提唱された「ダイアローグ」のなかに顕著に現れている（一九九九年）。また、洞察に満ちたバレットの著書『混沌にイエスと言う（*Yes to the Mess*）』（二〇一二年）のなかにも示されている。この作品では、支援者やリーダーが今後身につけるべきことのきわめて重要なヒントとして、ジャズ・バンドが行うような即興の技術が、鮮やかに示されている。

本書の構成

第1章では基本的な問題、すなわち、今日および未来の複雑で厄介な問題には、新たなタイプの支援やコーチングやコンサルティングが欠かせないことをお話しする。第2章では、「謙虚なコンサルティング」という新たなモデルの構成要素について述べる（その後の章で、各要素について実例を挙げて説明する）。第3章では、レベル2の関係についてコンセプトを説明する。続く第4章で、そうした関係はクライアントと初めて話をする瞬間から築く必要があること、その際には、好奇心を最大限にした姿勢を選ぶことがポイントである旨を述べる。第5章では、新たなコンサルティング・モデルの要《かなめ》として、「パーソナライゼーション」がどういうものであるかを探っていく。第6章では、クライアントとコンサルタントが「アダプティブ・ムーヴ」を模索する「プロセス」でこそ、この新たなコンサルティングが真価を示すことに焦点を当てる。次いで第7章では、「アダプティブ・ムーヴ」のコンセプトを、その本領発揮に欠かせないイノベーションという観点から、さらに詳しく探る。そして、いくつかの結論とこれからの課題を述べて、本書を締めくくる。

1 コンサルタントなのに、どうしたらいいのかわからない！

I Am the Consultant, and I Don't Know What to Do!

私は月に一度、上級管理職や医師たちとランチ・ミーティングをしている。みな、大病院およびメディカル・スクール——いずれも、大規模な大学医療複合施設の一部——に所属する人たちだ。私たちが集まるのは、大病院とメディカル・スクールがどうすれば、診療をはじめ、患者と従業員の安全や、患者の病院での経験、画期的な研究、医学教育の質をいっそう高められるかを検討するためである。そこで私が知ったのは、医師と名のつく人たちのなかには臨床医や研究者や教授がいて、それぞれに種々の重要課題を抱えているが、財務上の支援を同じ病院や大学から受けているため、折り合いをつけながら仕事を進めざるを得ないということだった。

メディカル・スクールやいくつかの研究にとっての主な収入源は病院であり、その運営管理者——医師である場合も、そうでない場合もある——は、研究や臨床診療、安全、保守管理、コミュニティにおける医療供給体制の拡充、将来的な建設計画の準備金のあいだで資金を分配することになる。医師はみなメディカル・スクールに雇われているが、臨床医として病院に勤めている場合は、病院の運営管理者の指示も仰ぐことになる。そうした上級管理者は、研究と教育と臨床診療とのあいだで目標がいくらか異なっていることや、目標を追求する人それぞれに個人的な計画があることや、その上司にあたる人たちがそうした目標や計画を尊重したいと思っていることを認識する一方で、全員に共通の理解を持たせるよう腐心している。

私がこのランチ・ミーティングに参加しているのは、組織文化の仕事に関わり、プロセス・コンサルタントとして経験を重ねてきたからであり、また医療や病院運営への関心が自分のなかで大きくなってきているからである。数年前から、小さなシンクタンクの一員として他の病院管理者たちとも話をしてきて、一連の問題が大学付属の巨大な医療センターにおいて驚くほど共通していることがわかったのだ。

ただ、明日のランチ・ミーティングに向けて準備をするとき、どうしたらいいのか自分がわかっていないことを、私はいつも意識している。

この状況に対する私の考え

長年コンサルティングを行うなかでときおり目を留めてきたのは、専門家として提供する情報と助言（あるいはそのどちらか）が、範囲の限定された単純な問題に対してしか効果がない、ということだった。私は、クライアントである組織にとって「医者」の役割も果たしており、診断して所見を述べることがある。しかし効果が出るのはやはり時折にすぎず、それは、組織アイデンティティやミッションや文化的ＤＮＡについて折よく十分な内部情報を得て、実行可能な提案ができた場合だけなのである。

私は「プロセス・コンサルタント」と私が呼ぶもの——基本的な機能やミッションに関して、組織内のグループがする必要のあることをより効果的にできるよう手助けする人——になることを、早い段階で学んだ。そのためにはふつう、どこが具合が悪くどうすれば修正できるかを、力を合わせて突きとめられる関係を、クライアントと築く必要があった。しかしこのプロセスも、問題が複雑で、文化的に多くの側面があり、絶えず変化する場合には、やはりうまくいかない。ランチ・ミーティングに集まる医師たちの要望に応えるには、問題が複雑で刻々と変化する場合でも効果を発揮する、もっと別の考え方が必要だった。

そこで、「文化を変えるという厄介な問題についてのコンサルティングとして、最高の成功例」だと私が思う、数年前にあったケースの意味を思い返してみた。

CASE1
ベータ・パワー社における文化の変革

潜在クライアントからの電話▼ドクター・シャイン、私はスー・ジョーンズと申します。ベータ・パワー社で人事・経営開発部の部長を務めています。弊社の、古く柔軟性に欠ける文化にほかならないものを変えたいのですが、ぜひご来社いただいて知恵をお貸し願えないかと、新任のCEO（最高経営責任者）が申しております。新たなプログラムを始めても、昔からの伝統や古いやり方が邪魔をして、どれもうまくいきません。どうか、ご来社のうえ詳細を聞いていただき、文化変革プログラムを始める手助けをお願いできないでしょうか。

この申し出と依頼を聞きながら、私のなかで二つの大きな反応が生まれた。まず浮かんだのは、これは興味深く自分のきわめて得意なタイプの仕事だ、という思いだった。しかしすぐに、詳しいことを知らずに組織を訪れたときの、苦い経験の数々を思い出した。今回はとくに、「古く柔軟性に欠ける文化」と表現されるものについて、新任のCEOが本当は何を考えているのかがわからない。また、どういう思いから依頼してきたのかについても、もう少し詳しく知りたかった。この件をスー・ジョーンズだけに任せるつもりなのか。それとも、文化の変革とはきわめて重要であり、CEO自身も関わるつもりなのか。こうした疑問が浮かび、続いて次のような会話を行うことになった。私が「パーソナライゼーション」と呼ぶ会話である。

シャイン▼面白そうですが、一筋縄ではいかないかもしれません。会社とは別の場所で話をして、状況とCEOの真意を詳しく知る必要があると思います。社外で私と話をすることを、できればケンブリッジの私の自宅へ来ることを、CEOは快諾されるでしょうか。

このように対応することが、私が「アダプティブ・ムーヴ」と呼ぶものの最初のステップだ。クライアントともっと個人的な関係を築いて、その本心を知るための対応である。

ジョーンズ▼この件を会社とは別の場所でよく話し合う必要があるというのは、おっしゃるとおりだと思います。ご自宅へ伺えるかどうかCEOと検討し、後日ご連絡します。

（一週間後）

ジョーンズ▼CEOと話したところ、ぜひ伺いたいとのことでした。新任のCOO（最高執行責任者）も同行し、私も参ります。話し合いには半日かかると思われますが、いつにしましょうか。

シャイン▼ご検討いただきたい日取りを挙げておきました。それから、この半日間のミーティングについて請求書をお送りしますが、その点はご承知いただいていますね。

早い段階でのミーティングが最高の支援になる場合があることを、私は過去の経験から学んでいた。そのため、事前調査のためのごく短時間の電話やランチ・ミーティングや訪問でないかぎり、早期に行うそうした会合については請求書を送ることにしていた。

ジョーンズ▼もちろんです。日を選んで、のちほどお知らせします。

二週間後の朝九時、私の自宅の庭に一同が集まった。わが家を選んだのは、飲み物や食べ物のある場を設けるためだ。結果として、それは招待となり、場を打ち解けたもの《パーソナライズ》にすることになった。

シャイン▼ようこそ！　ご懸念の「古く柔軟性に欠ける文化」について、あなたの考えを聞かせてください。

CEO▼オーケー、エド。エドと呼んでかまいませんか。

シャイン▼もちろんです。

CEO▼ジョン（COO）と私は新しいプログラムを実施しようとしましたが、そのたびに、古い習慣や伝統にぶつかりました。みんな、意地でもそれを変えまいとしているようで、そうした文化はちょっと時代遅れのように思えます。

シャイン▼具体的にどんなことがあったか話していただけますか。

まず例外なく、この質問はしたほうがいい。なぜなら、相手がどんなことを話そうとしているのか、文化の概念をどのように捉えているのか、本当に困っている問題が何なのか、この時点では全くわからないからである。私がこの問いをしたとたん、ジョンは椅子に座り直し、よくぞ訊いてくれましたとばかりに話を始めた。

COO▼もちろんです。たとえば、つい昨日もこんなことがありました。私は定期的に、広い会議室で一五人ほどと会って話をしますが、みな、いつも同じ席に座ります。昨日も、五人しか出席していないのに、やっぱり同じ席に座ったんです。**そのせいで、部屋のあちこちに散らばることになろうとも!**

ジョンは何かを期待するように私を見て、「こういう問題と戦っているんですよ」と言いたげに両手を広げ、少し間をおいた。その瞬間、抑えがたい好奇心が湧き起こり、私は結果を顧みず、惹かれるままに尋ねた。

シャイン（勢い込んで）▼それであなたはどうしましたか。

COO▼どうって……。何もしませんでした。

長い沈黙が続いたが、そのときCEOとCOO、スーの頭に浮かんでいた考えは同じだったと思う。組織の最高幹部二人が、社員の四角四面な態度に不平をもらし、「文化を変える」支援をしてほしいと外部の人間に頼んでいるとは！　手をこまねいて見ているだけでは、自分たちが今まさに不満に思っている「古い文化の象徴のような行動」を容認することになってしまうのに、どういうわけか二人はそのように考えたことがなかったらしい。私の脳裏に賢明なあの言葉がよぎった。「これでもういいと妥協してしまったら、それまでだ」

それからのちの午前中、私たちは行動という行動をリストアップした。最高幹部の二人がとることのできる、かつ、姿勢を変える必要があるというメッセージを明確に社員に伝えられる行動である。私は、組織の幹部がどのように文化に影響を与えるかを、丸一章を割いて述べた拙著『組織文化とリーダーシップ』（白桃書房）を参考にするよう勧めた。この段階にまで至れば、気兼ねなく「医者」の役割を演じ、助言することができるのだ。その後、私がほかにすべきこととしては、数週間ごとに電話で状況を確認する以外、とくにないということで意見が一致した。

CEOはそれから数カ月にわたって、定期的に電話や、ときには電子メールで、検討中の行動について私に意見を求めてきた。私は必要な助言をし、費やした時間について請求書を送った。訪問もせず、文化についてきちんとしたプロジェクトを始めることもなかった。必要なことなど何もなかった。彼らには、文化の変革をみずから申し分なく進める力がある。それを彼らが実感できるよう、私は支援したのだった。

学び

● 彼らが得た支援と、私がしたこととは、**論理的な意味では**何のつながりもなかった。私は診断も分析もせず、有効な解決策を示すこともなかったのだから。思いがけなかったのは、衝動的に発した私の問いによって、問題を自分たちで解決できるものとして彼らが捉え直したことだ。私は、「それについてどう感じましたか」「彼らはなぜいつも同じ席に着くのだと思いますか」などと次から次へと診断的な質問をするのはこらえたが、**好奇心に逆らうことはできなかった。**するとクライアントは、煩瑣《はんさ》な診断をしたのちに面倒な変革プログラムを始めるようなことはせず、前進するための行動を進んで起こしたのだ。本当の問題は柔軟性に欠ける文化ではなく、行動を起こそうとしないことだった。提起された問題を追っていたら解決まで何カ月もかかるところだったが、本当の問題を突きとめたことで、すぐさま「アダプティブ・ムーヴ」を生み出せたのである。

● 私が行った重要な「介入」は、彼らを自宅に招いて「具体例を挙げてほしい」と求めることによって、打ち解けた関係《パーソナライズし》を築き、状況をより明確に理解したことだ。私を突き動かしていたのは、好奇心と、なんとかして役に立ちたいという気持ちが入り混じった思いだった。

● 「文化」と聞いて即それに飛びついてもおそらく結果には結びつかなかったが、クライアント自身の行動に焦点を合わせたために、彼らが本当に手に入れたいものが明らかになった。彼らは自社の文化について詳しく知りたかったわけではない。それを変えたかったのだ。分析などしていたら、問題――なにはともあれコンサルタントに相談しなければと思うような問題――を解決するために即座にとれたはずの手段をとらず、時間の無駄になってしまっていただろう。

厄介な複雑さと素早い支援のパラドックス

この事例から、「支援はすぐに行うことが可能だ」とわかった。ただし、クライアントの本当の考えを突きとめること、そして自分の好奇心を尊重することが必要になる。また、大学付属のメディカル・スクールや病院に見られるような複雑な場では、迅速な支援はなかなか行えないものの、「アダプティブ・ムーヴ」が大いに役に立った。同様の複雑な場については、長く関わってきたさまざまな組織でも経験したことがある。そうした経験を振り返ってみると、私が現在クライアントとともに取り組んでいる問題と同様、収拾のつかないような事態が持ち上がって初めてなんらかの措置がとられ、それまで見えなかった問題や懸念が明らかになっている。例を挙げよう。

●ディジタル・イクイップメント・コーポレーション（DEC）とは断続的に三〇年にわたってともに仕事をした。主に依頼されたのは、創業者のケン・オルセンが心に持っているあらゆる考えや思いに対応したり経営層の多様なメンバーと連携したりするのを手伝うことだったが、同時に私はこの組織の日々の業務にも関わることになった。後述するとおり、迅速に支援できたこともあったが、残念ながら、必要な支援を全く提供できなかったこともあった。

●コンエジソン社（ニューヨーク州を中心に電気、ガス、スチームを供給する会社）には、一〇年より長く関わった。同社は古いシステムを運用しており、注意深く継続的にメンテナンスを行って、一般の人はもちろん従業員の命に関わる事故を起こさないようにする必要がある。また、季節や天候の変化があってなお、安全できれいな環境を維持する責任も負っている。私は最高幹部や健康、環境、安全担当の責任者に協力して、彼らが複雑で、労働組合化された、きわめて専門的な環境のなかで安全を維持するのを支援した。彼らはかぎられた資源の範囲内で不可欠なメンテナンスと新たな改良を行っていたが、一〇年あるいはそれ以前に起きた出来事のせいで、世間や規制当局の担当者や環境監視員は同社の努力を全く信用していなかった。似たことは現在、同程度の複雑さを抱えるパシフィック・ガス・アンド・エレクトリック社でも起きている。

●これと密接に関連する問題にぶつかったこともある。原子力発電運転協会（ＩＮＰＯ）が、アメリカで稼働している一〇四の原子力発電所を一つひとつ評価・支援するのを手助けするために、顧問団の一員として五年間、仕事をしたときである。ＩＮＰＯは、さまざまな技術的、経済的、政治的条件下にあってなお絶対的に安全な環境をいかに維持するかという問題を抱えていた。各電力会社が石炭火力発電所や原子力発電所など複雑な施設を持っていたためである。また、テクノロジーは急速に変化していくのに、原子力発電所では、リッコーヴァー大将率いる原子力潜水艦の乗組員の退役に伴い、技術を持つ人材が減少してきていた。原子力の安全性は高度に規制されており、そのために皮肉な現実が生まれている。信頼し合い、率直に話のできる関係の構築が、必要であると同時に、「安全文化」に不可欠なものとして常に言及されながら、法的、技術的、官僚的基準を執行することで、それがさまたげられてしまうのである。

●スイス、ドイツを拠点とする化学・製薬会社のチバガイギー社とは、五年にわたって仕事をした。さまざまな戦略上、運営上の課題に取り組み、そのなかで組織文化や国民文化についていくつもの重要な教訓を得た。数々の混乱も目の当たりにしたが、そのうちのいくつかは、チバガイギーとサンドが合併して今日のノバルティスになることによって、最終的には解決された。この会社と、別のある製薬会社でも起きた問題で厄介だったのは、病因に関する基礎研究と、治療薬（あるいは症状の緩和薬）の開発に関する応用研究とのあいだに緊張が生じることだった。さまざまな国の多様な規則の下で、病因に関する基礎研究と治療薬に関する応用研究とを連携させると、国が違っても信頼される「優れた研究」とは何かについて、価値観の相違が引き起こされてしまうのだ。基礎研究者と応用研究者、開業医、役人は、共通の目標を見出し、協力できるのか。それとも、職業が違えば文化的にもあまりに違ってしまうものなのだろうか。

●私はマサチューセッツ州オーデュボン協会（ニューイングランドにある土地保全、環境保護団体）の理事を務めたことがある。六年にわたって関わった保護活動のなかでとくに興味深く、やりがいがあったのは、基本的な戦略課題が、さまざまな制約——地域社会の価値観、法的問題、資金不足、協会にできることの限界など——と関連し合っていることだった。たとえば、ケープコッド（ボストン近郊のリゾート地）周辺水域に風車を建設するのを支持すべきかどうかという問題では、省エネルギーという観点からはよいが、鳥や魚に悪影響を及ぼすかもしれなかった。

現在、私が依頼を受けている問題を見ると、サイロのように分断された組織と組織のあいだで、さまざまな職能部門同士で、文化の異なる組織同士で調整するにあたり、複雑さが増しているのがわかる。例を挙げよう。あるＣＥＯは、研究者の採用システムを改善したいと思っている。次のような「問題」を解決するためである。主任研究員は助成金を待ち続けている一方で、必要な研究業務のために求人広告を出すよう人事部門に圧力をかけている。結果として、研究費が確保できないために応募者が希望と異なる職に就く場合が発生し、ひいては資金不足と訴訟が起きる事態になっている。

あるいは、全国各地に系列組織を持つ病院は、いくつかの医療プロセスを標準化したいと思っている。しかし複数の地域で強い反発が生じている。そうした地域では、独自の強い文化を育てており、自分たちのプロセスのほうがよいと考えているのである。

また、成功しているあるシェークスピア専門の劇団は、市場が変わりつつあることに気づく。観客がもっと現代的な作品を観たいと思っているのが理由だが、同時に、彼らは資金不足にも直面している。最大の問題は、経営者たちが革新を行いたいと思わず、その方法も知らないことである。

以上の実例から伝えたいのは、私たちが支援を求められたときに、どうすればよいかを理解するのが、まるで雲をつかむようで一筋縄ではいかなくなっているということだ。ときには、クライアントに、複雑さを理解してもらい、手間暇のかかる診断と介入よりちょっとしたアダプティブ・ムーヴを講じたほうが得策だと気づいてもらうことが、最良にして最も素早い支援になる場合もあるのだ。

今日、なぜ問題はこれほど複雑になったのか

この疑問について考えてみると、いくつかの力が連動し、関連し合っているように思われる。

1▼協働の必要なあらゆる専門分野が、専門分野であるためにいっそう複雑になっている。つまり専門家たちは、専門性をきわめればきわめるほど、その道のプロとしてより高い評価を得るという職業文化をつくりがちなのである。

2▼交流と協働を必要とするグループは、職業的に多様であるだけでなく、今では国民性——言語もさまざまなら、実際の状況や状況がどうあるべきかについての思い込みもさまざまである国民性——が加わることも多くなっている。

3▼一つの組織のなかで、職業的にも国民性としても多様性が増しているために、目標を一致させるのがなかなか難しくなっている。この問題を最も簡単に「解決する」には、全員に共通の理解を持たせて、すべての「長《チーフ》」を一つの部屋に集め、唯一無二の目標について全メンバーが関わり支持するよう約束させるのがいちばんだ——。誰もがそう思っているが、残念ながら、適切なメンバーを同じ部屋に集めるのは、この偽りの解決策のなかで最も難しい。また、たとえ集められたとしても、文化的な暗黙の思い込みや目標があまりに多様であるために、どのような意見であれメンバーが合意に至りたいと思うかどうか保証はない。私たちが勧めるチームビルディングやシナリオ・プランニング、フューチャーサーチ、アプリシエイティブ・インクワイアリー（AＩ）、リーン生産方式、ラピッドプロトタイピングといった素晴らしい組織開発プロセスでは、協力を余儀なくされる人たちは当然互いに話をするようになると考えがちだが、実際にはそれは難しいし、あらゆることについて合意に至るというのはさらに難しい。

4▼時間が足りない。少なくとも、足りないことを、私たちは認識している。ものごとの移り変わりはあまりに速く、私たちは信頼関係を築くことも、互いをよく知ることも、一緒に食事をしたり何かをともに楽しんだりすることさえもできない。二つの文化を交流させるには時間がかかる。三つ以上なら、さらにかかる。もし、試すべきプロセスを見きわめ、コミュニケーションを取り合える人たちに関わってもらうことができるなら、たとえば数あるラピッドプロトタイピングのモデルのうち一つを選ぶなどして、うまくプロセスを加速できるかもしれない。しかし私たちがプロトタイピングするプロセスは、たいていの場合、間違っている。

5▼対処の必要な問題は、一定していない。そのような性質の問題には、これまでの問題とは全く違う特徴が二つある。技術的な解決策がないこと、そして、刻々と変わる環境のなかで基本的な戦略および構造の問題と深く関わり合っていることである。不安定な環境下では、組織がある時点で特定の状況を理解しようとした場合、どのような介入をしたとしても、過去に例のない影響をもたらすことになり、次のある時点で問題の性質を変化させ、新たな意味づけをする努力が求められることになる。

6▼最後に、「クライアント」という言葉の概念も今後は変わるだろう。最近私が話をしているさまざまな個人やグループがみずからを、個々のクライアントではなくシステムの一部だと考えているのだ。重要な役割に就いている幹部個人をコーチしている場合でも、その幹部は、組織のほかの人たちに影響がある問題で頭を悩ませていることがすぐに明らかになる。結果として、問題について詳しく説明してもらうと組織全体が絡んでくることになる。また、考えられるどのようなアダプティブ・ムーヴも組織全体への結果に配慮することになるが、面白いことに、それは誰にとっても思いがけない結果かもしれない。

新しいモデルの必要性

私たちが解決しようとしているのは、かつてない複雑な問題と、かつてない種類のクライアント組織、そしてクライアントが感じているかつてない切迫感である。そのため新しいコンサルティング・モデル、すなわち「謙虚なコンサルティング」が必要になる。このモデルを使えば、どのような姿勢でクライアントに対するべきかや、クライアントからの最初の問い合わせにどう対応すればいいかがわかり、さらに、どうすればいいか初めはわからない場合があることを受け容れられるようになる。

謙虚なコンサルティングでは、これまでとは全く異なる関係をクライアントと結ぶことになる。コンサルタントとして、「なんとかして役に立ちたい」と思って全力を尽くすこと、誠実な「好奇心」をあふれんばかりに持つこと、適切な「思いやりのある」姿勢を持つこと、クライアントの本当の思いを積極的に突きとめようとすることが前提になるのである。

すると、潜在クライアントと初めて接するときに、信頼し合って率直に話のできる関係を築こうという意識を持って臨むことになる。そうした個人的な関係ができれば、クライアントの本当の考えを突きとめるだけでなく、これまでどおり専門家や「医者」の役割を果たすことで支援できるかどうかを判断できるようにもなる。さらには、面白いことに、関係構築のプロセスそのものによって、今すぐ役に立つとクライアントが思うだろう行動を考えられるようになる。やってみようと思うことや対応の仕方が、手間暇のかかる診断や介入ではなく、アダプティブ・ムーヴになるのである。

関係構築のプロセスでは、「（専門的職業にありがちな）ほどほどの距離感」という堅苦しさをなくすことが肝要だ。コンサルタントかクライアントかのどちらかが、個人的な質問をする、もしくは個人的なことを打ち明けることによって、プロセスを打ち解けたもの《パーソナライズ》にする必要があるのだ。コンサルタントはいくらか自分をさらけ出すことになる。具体的にどんなことを尋ねるかや、自分について何を話すかは、状況と当事者がどういう人物かによるが、役に立ちたいという意欲と好奇心と思いやりがあれば自然にわかるだろう。

謙虚なコンサルティングは、いくつかの点でこれまでのコンサルティングと一線を画している。次の章ではその点を詳しくお話ししよう。

2 謙虚なコンサルティングはどのように新しいのか

What Is New in Humble Consulting?

謙虚なコンサルティングというモデルは、いくつかの点でこれまでのコンサルティングと異なっている。本章ではこの新たなモデルの要素について簡単に説明し、次章からは個々の要素を、私の経験を例に挙げて詳しく見ていく。「コンサルティング」に重点を置いているが、考え方自体は、コーチングやカウンセリングのような支援でも、広い意味での組織開発プロジェクトでも用いることができる。

謙虚なコンサルティングでは、クライアントとのあいだにこれまでにない個人的な関係が必要である

前章で、コンサルタントはクライアントと「関係」を築くべきだと述べたが、その意味や具体的にどんな関係であるべきかについてはまだ明らかにしていない。私は、複雑さを増した問題に向き合い、クライアントの本当の考えや本当の懸念を探るなかで、大半のモデルによって推奨される「（専門家として）ほどほどの距離感を保った関係」が適切だとは思えなくなった。「ほどほどの距離」でよしとせず、「レベル2の関係」と私が名付けた、もっと個人的で、信頼し合える、ひらかれた関係を育てる必要があるのだ。

拙著『人を助けるとはどういうことか』（二〇〇九年）のなかで、私は次のように述べた。支援を求めること自体が、私たちの文化では難しい。そのため、潜在クライアントは「一段低い位置にいる」ように感じてしまい、コンサルタントと初めて会ったときに、心をひらいて信頼を寄せることがあまりできない、と。コンサルタントは新たな役割として、なんらかの方法によって、クライアントと初めて会う瞬間からパーソナライゼーション・プロセスを開始し、自分が信頼に足る人間であり、心をひらいて話しても安全であることを伝えなければならないのである（「関係」やレベル2の意味については、第3章で詳しく説明する）。

そうしたクライアントとの関係は、初めて顔を合わせた瞬間から築くことになる。つまりコンサルタントは、今までとは全く異なる姿勢で、最初の会合に臨まなければならないのである。

謙虚なコンサルティングでは、初めて言葉を交わす瞬間から新たな対応の仕方が必要である

クライアントがどのような話を始めようと、新たな関係を築くには、コンサルタントは支援したい気持ちを前面に出し、電話であれ電子メールであれ昼食をとりながら会うのであれ、その潜在クライアントと初めて話をする瞬間から会話を個人的で打ち解けたもの《パーソナライズ》にしようとする必要がある。コンサルタントがそこにいるのは、状況を探るためでも、診断するためでも、ク

ライアントと契約を結ぶためでもない。どんな方法であれ、とにかく相手を支援するためだ。たとえ、話の内容に興味が持てなかったり、できないことやしたくないことを依頼されたりしたとしても、自分を偽ることなく、何か方法を見つけて会話を続けなければならない。それも、これは有用だとクライアントが思えるように、である。

この難題にぶつかるのはたいてい、提案をしてほしいとか特殊な「文化調査」のようなことを実施してほしいとクライアントに求められる場合、あるいは、後先を考えない愚かな方法で何かをしてほしいと求められる場合だ。断ることもできるが、それでは相手の役に立つことはできない。役に立ち、かつこの新たなモデルに適うためには、次のように言ったほうがいい。「あなたの考えを、もう少し詳しく話してください」「その文化調査を実施したいのはなぜですか」「解決しようとしているのはどのような問題ですか」などである。これができるようになるには、クライアントと初めて接するときに、新たな姿勢を持つことが必要になる。

謙虚なコンサルティングでは、これまでとは違う謙虚な姿勢と、支援したいという積極的な気持ちと、好奇心が必要である

新たな姿勢のポイントとなるのは、問題の複雑さを目の当たりにしても謙虚さを忘れないことと、クライアントとの関係において謙虚であることだ。コンサルタントがいるのは、クライ

アントと協力して問題を解決するためであって、問題を引き受け、取り組むためではない。クライアントが直面している困難に謙虚な気持ちで共感的に向き合い、自分や自分のスキルや知識を売り込む欲求ではなく、そのクライアントと状況に集中するためなのだ。

この姿勢を理解するには、こう表現するとわかりやすいかもしれない。力になりたいと思って本気で尽力し、クライアントとクライアントが置かれている状況を心底気遣う姿勢のことだ、と。その姿勢を最初の瞬間から確実にクライアントに伝えるには、真摯な好奇心を全開にするといい。誠実で、自然に湧き起こる好奇心ほど、クライアントに対する関心と気遣いをたしかに伝えるものはない。そのため、この姿勢の特徴は三つのCによって表されると言える。力になりたいという積極的な気持ち（commitment）と、クライアントに対する思いやり（caring）、わけても大切なのが好奇心（curiosity）である。そして新たな姿勢を持つには、新たなスキルもまた必要になる。

謙虚なコンサルティングには、新しいタイプの聴くスキルと対応するスキルが必要である

新たなスキルのうち最も重要なのは、これまでとは違うタイプの「聴き方」である。このスキルの向上をテーマとする書籍やプログラムを検討してわかったのだが、新たなタイプのコン

サルティングを行うには、一般に推奨されるのとは別の聴き方を身につける必要があり、さらに言えばその聴き方は対応の仕方を知るためにも欠かせなかった。また、二種類の共感力を伸ばす必要もあった。一つは、クライアントが話している現況や問題について、好奇心をもって傾聴する共感力である。もう一つは、クライアントが状況や問題を説明しているまさにそのときに、クライアントを本当に悩ませている問題が何かを見きわめようとして、好奇心をもって傾聴する共感力である。

たとえば、潜在クライアントからこんな電話を受けたとしよう。「従業員はどの程度、仕事に打ち込んでいるのだろうと心配に思っています。仕事熱心な風土をつくるのに力を貸していただけませんか」。一つめの共感力を使う場合は、具体例を促して、「仕事に打ち込む」や「風土」という言葉によってクライアントが何を言おうとしているのかを探ることになる。二つめの共感力を使うなら、「あなたが懸念しているものは何ですか。なぜ、この件が心配なのですか」と尋ねることになる。

傾聴すること自体は両方に対してできるが、ある時点で、依頼の内容や状況に対する好奇心を追求するか、依頼主に対する好奇心を追求するかを、選択することになる。どちらを選ぶにせよ、肝に銘じるべきは、私たちにできる質問と対応には実にさまざまなものがある、ということだ。そしてどのような質問をし、どう対応するかによって、違いが生まれる。同様に、どんな質問をするかによって、あるいは自分に関するどんなことを明らかにするかによって、状況を個人的な打ち解けたもの《パーソナライズ》にする程度について重要な選択をすることになる。最初に行うこれらの選択については、第4章で重点的に説明しよう。

関係を個人的な打ち解けたもの《パーソナライズ》にすることは、どの時点においても共通だ。そのため、さらに詳しく見ていこう。コンサルタント（あるいは支援者）の基本的な役割を変えるものだからである。

謙虚なコンサルティングは、コンサルタントが担う全く新しい「個人としての役割」である

「コンサルティング」という言葉は昔から次のような意味で使われてきた。専門的情報やサービス、診断、処方箋を助言という形で提供しながら、しかし、ほどよい距離感をしっかり保つことによって、「専門家および医者（あるいはどちらか一方）としての役割を担って支援する」ことである、と。そうした役割は、問題点がはっきりしていて技術で解決できる場合はうまく果たせるかもしれないが、だんだんよい結果を生まなくなってきている。「問題」が何であるのかが曖昧で、どんなことをすれば本当に役に立つのか、支援者がわからなくなってきているためである。

謙虚なコンサルティングという新たな役割を担うコンサルタントの最も重要な目的は、クラ

イアントが本当の懸念や本当の考えを知り、理解できるようにすることだ。それには、何が起きていて、どんなことが気になっているのかを初めてクライアントに尋ねるときも、コンサルタントは「パートナー」兼「支援者」になる必要がある。

例として、合併してまだ日の浅い五つの組織のリーダーたちとのビデオ・コンサルティングの話を挙げよう。私が依頼されたのは、五つの組織が一つにまとまって共通のマーケティング・プログラムをつくれるようにすることと、統合された新しいサービスがどういうものかを合併後のグループが理解できるようにすることだった。

私は、五つの組織に合うチーム・ビルディングについてなんらかの提案をする代わりに、いつの間にか、実際のサービスの内容——読み書きを教えるプログラムと読書力補習講座——や、合併した理由や、マーケティング・プログラムの作成を邪魔するものが何なのかについて質問をしていた。すると、彼らにとって本当に問題なのは、共通の基盤を見つける方法ではなく、それぞれの組織が独自のスキルを発揮できなくなっていることであるのが徐々に明らかになってきた。

私たちは最初に電話で話したときを含め、最優先事項として、アダプティブ・ムーヴにともに取り組んだ。この事例でのアダプティブ・ムーヴとは、実際の仕事を互いに観察し、それによって、五つの組織それぞれの、独自のスキルとは何か、そのスキルは合併したグループの必要性にどのように合っているかを認識することだった。彼らに必要なのは、共通のマーケティング・プログラムではなく、もっと基本的なレベルでまず互いを知ることだったのである。

クライアントから真実の情報を引き出して対処できるようになるには、コンサルタントはもっと個人的なレベル（レベル２）でクライアントと力を合わせる必要がある。パーソナライゼーションの仕方については第５章で詳述する。これを実現させるには、クライアントとその状況に共感はするが、「内容の誘惑」に駆られることなく、クライアントとのあいだに生まれるさまざまなプロセスに集中し続けるという逆説的な力を、コンサルタントは発揮する必要がある。さまざまなプロセスについては、第６章で詳しくお話ししよう。

結局のところ、コンサルタントがこれまでにない革新的な対応をしなければ、これまでにない複雑で厄介な問題を扱うのは難しいのである。

謙虚なコンサルティングによって、コンサルタントは、率直で自分を偽らない革新的な関係をクライアントとのあいだに築き、その関係を土台にした幅広い対応をすることになる

クライアントとの対話において、コンサルタントはどんな基準に従って行動すれば、つまり対応すればいいのだろう。「謙虚な問いかけ」にどこまでも忠実であるべきなのか。浮かんでくる考えを片っ端から口にすべきなのか。答えを知っていると思うときだけ助言すべきなのか。

その案件に関心を引かれることや、それが自分のスキルを活かせるものであることを、伝えるべきなのか。クライアントの問題が自分のスキルとどのように関連しているかを知る必要性に基づいて質問をすべきなのか、それとも、ひたすら好奇心を追求し、導かれる先を見守るべきなのか。

答えは、そのときの状況しだいで、おそらくいずれにもなる。目的が、率直に話のできる、信頼し合える関係を築くことなら、コンサルタントは自分を偽らないことが必要だ。筋の通らないことや気の進まないことを依頼された場合は、正直にそう伝えたうえで説明することになる。説明するなかで、それまでクライアントが考えもしなかったかもしれない問題を提起して、たしかな支援につながる場合があるからである。あとでいくつか実例を紹介するが、クライアントの希望にかなない、かつ本当の支援につながることを、私は意図的にしようと思ったわけではなかった。

以上のような事柄のどこが革新的なのだろう。私がアダプティブ・ムーヴと呼ぶものは、「介入」の新たな呼び名にすぎないのだろうか。なかには、会話をした結果として、いわゆる「介入」と同じと見なされるアダプティブ・ムーヴが導かれる場合もあるだろう。しかし多くのアダプティブ・ムーヴは、もっと短時間で起きるのがふつうであり、経験からすればにわかには信じがたいものである場合が少なくない。もし同席する人を変え、センスメーキング（意味付け）する人を変え、会話の性質も問題解決やディスカッションやディベートから本物のダイアローグへ変えたら、さまざまな新しいアダプティブ・ムーヴが生まれるだろう――とりわけ「アダプティブ・ムーヴ」が必ずしも意図して起きるものではないことを忘れずにいる場合には。「アダプティブ・ムーヴ」は、ちょっとした行動なのである。

コンサルタントの対応の新たなモデルは、正式の手順やルール、あるいは標準化された指針やチェックリストではなく、むしろ即興劇やジャズバンドに似ていると言える。その対応は重要な役割として、会話の性質を、ディスカッションやディベートから、キャンプファイヤーを囲んで行うようなダイアローグへ変えることを担っているのである。

謙虚なコンサルティングは、新たな会話がダイアローグになると効果が最大になる

この点が、従来のモデルといちばん違うところかもしれない。というのも、レベル2の関係になると全く新しいタイプの会話、すなわち共同で行う対話型の探究ができるようになるのである。それは、会話がどこへ向かうかも、どのようなアダプティブ・ムーヴを考えつくかも、コンサルタントとクライアントのどちらもがわからないという現実を、両者が認めることによって始まる探究だ。この探究を始めるには、目的の明らかな、問題解決のためのディスカッション――時間的な重圧や、会話とは何かということについての制限的なモデルのせいで、

私たちがしてしまいがちなディスカッション――をやめることが前提になる。適切な人を集め、複雑で厄介な問題について対話型の探究をする、これこそが、効果的な支援として、この先最良のモデルとなるのではないだろうか。

新たな諸要素の論理的整合性

さまざまなケースを数年にわたりあらためて検討するうちに、この新たなモデルの本質がこれまでの自分の多くの経験のなかにはっきり現れていたことがわかり、私としてはこれを論理立てて話さないわけにはいかない。新たなモデルに従うことによってわかるのは、何をすべきかではなく、クライアントに何が起きていて、どんな姿勢とスキルを示せば本当の意味で力になれるのかを考える方法だ。私がこれを「謙虚な」コンサルティングと呼ぶのは、前進しようとするときにクライアントがぶつかる問題や困難の複雑さに、畏敬の念を抱いているからである。

また、新しい要素はそれぞれ絡み合いつつ筋がしっかり通っており、それは次の論理に従って考えるとよくわかるように思われる。

1▼確実に支援するためには、本当の問題、すなわちクライアントの懸念が何かを突きとめる必要がある。

2▼クライアントの懸念を突きとめるためには、クライアントと支援者が信頼し合い、率直に話ができることが必要である。

3▼信頼し合って率直に話をするためには、支援の場でありがちな、ほどほどの距離感を保つレベル1の関係を超え、個人的な話のできる、機能するレベル2の関係を築く必要がある。

4▼機能するレベル2の関係を築くためには、関係をある程度打ち解けたもの《パーソナライズ》にする必要がある。

5▼関係をある程度打ち解けたもの《パーソナライズ》にするためには、個人的なことに踏み込んだ質問をしたり、より個人的な考えや感情を打ち明けたりすることによって、謙虚に問いかけることが必要である。

6▼レベル2の個人的な関係を築くためには、コンサルタントはその意向を、クライアントと初めて接するときに伝える必要がある。

7▼クライアントを悩ませている問題を把握するためには、レベル2の関係を築いてしっかり機能させたのちに、支援者とクライアントは共同で行うダイアローグのプロセスを始めなければならない。

8▼クライアントが懸念している問題のうち、有効な解決策が皆無の問題があるかどうかを判断するためには、コンサルタントとクライアントがともに注意深く検討する必要がある。

9▼どのタイミングで行動を起こすべきかを判断するには、コンサルタントとクライアントは、優先順位とどんな行動を起こすかを共同で決める必要がある。

10▼問題が単純明快だとわかったら、支援者はみずから専門家もしくは医者の役割を担うか、あるいはクライアントを他の専門家か医者に紹介するといい。しかし問題が複雑で厄介だとわかったら、クライアントと支援者は、「これによって問題が解決されるわけではないかもしれないが、いくらか気持ちが落ち着くし、次のアダプティブ・ムーヴへつながる新たな情報を得られる」ということを理解したうえで、ダイアローグを始めて、実行可能な「アダプティブ・ムーヴ」を探すべきである。

アダプティブ・ムーヴは共同で決定することになるが、それはクライアントの個人的な状況や組織文化をコンサルタントが十分に知ることは決してないし、所定の介入（調査その他の診断プロセスツール）によってもたらされる結果のすべてをクライアントが十分に知ることも絶対にないためである。そのため、コンサルタントは、ある種のアダプティブ・ムーヴ（診断のためのインタビューや調査など）の結果を理解し、その要点をクライアントにしっかり伝え、クライアントがアダプティブ・ムーヴを行う態勢が整っているかどうかを判断することも、責任として負うことになる。

本当の支援とは何か

クライアントを支援するというのは、クライアントだけではできないことを、クライアントとともに、クライアントのためにすることだと私は考えている。ただ、私のしたことが助けになったかどうかを最終的に判断するのは、基本的にはクライアントだ。私としては助けたつもりでも、クライアントがそう感じなかったなら、私は支援しなかったことになるのである。

では、この基準を満たす「本当の支援」とはどういうものなのか。本書で述べているような複雑で厄介な問題の場合、コンサルタントとして私が役に立っているかどうかの評価は、クライアントと私の双方が絶え間なく行うことになる。ときには、私が気づかぬ間《ま》に、クライアントのほうが、事態をよくするようなことをはたと思いついたり、次にどうすべきかひらめいたりする場合もある。あるいは、状況の改善につながることで、かつクライアントが思いも寄らなかったことを私が考えつき、これは間違いなく支援になると互いに納得する場合もある。

やがて私たちは気づくことになる。最初のたしかな支援とは、コンサルタントの手助けによって、クライアントが、問題となっている状況の本当の複雑さと厄介さを理解し、その場しのぎの対応や反射的な行動をやめられるようになることだ、と。そのうえで、適切なアダプティブ・ムーヴを展開し、本当の現実――コンサルタントとしてクライアントに目を向けてもらうようにすべき本当の現実――に対処することが、本物の支援なのである。

謙虚なコンサルティングはなぜ素早く行うことができるのか

謙虚なコンサルティングを素早く行えるのは、当然と言うべき理由がある一方で、逆説的な面もある。当然である理由は、厄介な複雑さをよく理解することにまず集中して、問題そのものの解決策ではなく、次のアダプティブ・ムーヴを見出そうとする方法だからである。一方、逆説的だというのは、「次のムーヴ」こそが本当の支援になる場合が少なくないためだ。問題が複雑で不安定であることを謙虚に受け容れたら、次に何をすべきかという一点に集中し、いつか実行することになるかもしれない未来の「次のムーヴ」についてはあれこれ心配しなくていいと自分に言えるようになるのである。

ただ、本当の支援を行うためには、次のムーヴは文化的に適切でなければならず、結果として、文化的に可能で望ましいこととは何かについても早く検討する必要がある。多くの場合、データの収集と分析を行う診断プロセスに第三者が加わってしまうと、クライアントとその組織の他のメンバーとのあいだで個人的な関係を築き、それから現況と今後とるべき行動を検討するより、はるかに時間がかかる。文化に関して言えば、所属する組織の文化をクライアント自身に（コンサルタントの助けを借りて）掘り下げてもらうほうが、速いだけでなく適切であり、システムの人々に現実として受け容れてもらいやすい。それには、クライアントにみずからの所属する文化の深さと複雑さに気づいてもらうこと、そして簡単な文化診断や「応急的な文化変革」をしたところで望みが実現されることはまずないとクライアントに示すこと、こうしたことが何より有効である。

謙虚なコンサルティングは新たなリーダーシップ・スキルになる

複雑さを増した今日のビジネス界では、あらゆるリーダーおよびマネジャーが、上司や部下や同僚にとって、ときに支援者になる必要がある。そのため彼らも、ほどほどの距離を保っていてはチームワークに差し障ることに、いずれ気づくことになる。また、もっと個人的な関係を、とりわけ部下とのあいだに築く方法も学ばなければならなくなる。必要な情報を得て、するべき仕事の質と安心できる環境を向上させるためである。

驚くべきことに、階層上・職務上の境界を超えてコミュニケーションが図られることはめったにない。従業員は、安全な作業や質の高い仕事に不可欠な情報を出そうとせず、全く順調でないときに「順調です」と言って嘘をつくことさえある。マネジャーはマネジャーで、「自分は聞き上手で気も配っている」と力強く述べるが、その部下たちに話を聞くと、この答えが返ってくる。「上司と話をしようとしたが、私を迎えたのは無関心と、苛立ちと、『解決策がないなら問題を持ってくるな』というおきまりの台詞だった」

マネジャーというのは、何をどのようにするべきかを部下にはっきり指示したら、務めを果たしたと思ってしまう。わかりません、賛成できません、よくない報告がありますといった言葉を、部下が安心して言える環境こそまず必要だとは、考えも及ばないようなのだ。複雑な問題が見つかった場合にマネジャーがすべきことはまず間違いなく、部下と協力して何が問題でどうすれば解決の方向へ向かえるかを突きとめることである。耳を傾けたとしても、たとえ親身な傾け方だったとしても、最初に問題を指摘するときに部下が不安に思うなら、するべきことが十分できているとは言えないのである。

仕事が複雑になるにつれ、上司と部下は互いの関係を打ち解けたもの《パーソナライズ》にして、信頼を深め、率直に話せるようになる必要が出てくるだろう。こうした必要性があることは、手術室など互いに大きく依存し合う作業チームではすでに明らかになっている。今後はこの問いが重要な意味を持つことになる——リーダーやマネジャーは、部下にとって、はたして謙虚なコンサルタントになることができるか。

最後にひとこと。本書のメッセージは主にコンサルタントやコーチをはじめとする支援者へ向けたものだが、ぶつかっている問題が複雑かつ厄介で、もっと個人的な支援関係を築かなければならないと思うことが往々にしてあるなら、子どもを持つ人や上司、チームメンバーが読んでも同様に役立つだろう。

3 互いを信頼し、率直に話のできる、レベル2の関係の必要性

The Need for a Trusting and Open Level Two Relationship

謙虚なコンサルティングと他のコンサルティングとの違いを十分に理解するには、少しまわり道になっても、文化的な分析をいくらか行う必要がある。そもそも、「人間関係」とは何なのか。まずその点をお話しする。それから、程度の差はあれどのような社会にも存在する四つのレベルの人間関係を考察し、最後に、謙虚なコンサルティングのカギとなるレベル２の関係を重点的に見ることにしよう。

人間関係とは何か。信頼する、率直であるとはどういうことか

私たちは、「人間関係」「信頼」「率直さ」という言葉を、深く考えることなく頻繁に使っている――まるで、その意味を理解できない人などいるはずがないと思っているかのように。しかし、これら三つの言葉について定義してほしいと頼んだら、呆気にとられたような顔をされるか、何を今さらと見下した眼差しを向けられるか、あるいは、尋ねたほうも答えたほうも納得できない、あやふやな定義をされるかのいずれかである。

辞書などで調べてみると、一様に「結びつき」や「相互依存」、「つながり」といった曖昧な説明が並んでいる。問題は、そうした言葉は抽象的すぎて、文化や状況しだいでさまざまな意

味を持つ可能性があることだ。しかし、謙虚なコンサルティングを理解するという目的のためには、複雑な問題に直面している人を、結果的に本当の支援となる方法で助けようとする場合に的を絞って、意味を限定する必要がある。

「人間関係」とは、過去の付き合いに基づいた、互いの未来の行動についての、一連の相互期待のことである。

　もし私があなたの行動のいくらかをほぼ予測でき、あなたも私の行動の一部を予測できるなら、私はあなたと関係があるということになる。関係が浅い場合は、互いに相手の行動をおぼろげに予想できる程度だが、関係が深い場合には、二人のどちらもが相手の考え方や感じ方や価値観を承知している。浅い関係では、相手が自分に危害を加えたり嘘をついたりしないという程度にしか相手を信頼できない。一方、よい関係ができていると思う場合には、相手が約束を守ることをどれくらい期待できるか、どれくらい率直に話をし、信頼できる人だと思って付き合えるか、といったことを予測できる必要がある。「よい関係」にあるときには、相手とともにいることで一定の安心感を覚えるのがふつうだ。相手の反応の仕方を互いに知っているという感覚に基づく安心感、合意した目標に向かってともに努力しているという安心感である。そういう安心感を、ふつう「信頼」という言葉は意味している。

「関係」は「相互作用」の概念であるため、それをふまえて社会学的観点から分析してみよう。

「私はあなたと結びつき（関係）がある」と一方が言ったとしても、相手がそのような結びつきを感じていなければ、「関係」と呼ぶにふさわしくない。だから片想いは「関係」ではない。しかしたまに会う友人同士の場合、「関係」と言える可能性がある。また、部下が上司を信頼していても、上司が部下を信頼していない場合、「関係」はない。部下が上司に何でも率直に話しても、上司が部下に心をひらかなければ、やはり「関係」は存在しない。

関係が成立するためには、互いの期待に対称性がなければならない。この対称性は、関係がどれほど深くなれるかをいわば試すものとして一連のやりとりが機能する場合、そのやりとりを通して、時間をかけてつくられる。相手をどれくらい信頼できるかや、相手がどれくらい心をひらいてくれそうかを判断するには、やりとりを繰り返し、そのやりとりを、関係を築くプロセスにおけるちょっとしたテストとして使って、互いを観察するほかないのである。

関係はうわべだけのものにも深いものにもなると考える場合、私たちは関係の捉え方について重要な点を認めていることになる。関係とは、予測するのがかぎりなく不可能に近く、事実上いっさいの感情的な関わりを持たないものだとする考え方がある一方で、きわめて強い感情的な絆があり、互いについて多くを予測できるものだとする考え方もある、という捉え方である。これはきわめて重要な点だ。なぜなら、どのように関係を築くかという問題にたどり着いたとき、それが究極的に「共同」責任であること、そして関係を築くプロセスとはやりとりの積み重ねであり、やりとりするたびに関係の深さを両者がそれとなく測るものだと認めることになるからである。

関係の深さは、やりとりのたびに感じた安心感の程度に基づいて、両者によって決定される。誰もが敏感なのは、関係が「度を超してしまう」瞬間だ。自分か相手かのどちらかが「関係を深めようとしない」ために、あるいは何か許し難いことを突然してしまったために関係が「うまくいかなくなる」瞬間を、みな敏感に察知する。いったいどうすれば互いに本当の意味で相手の役に立てるのか、それをはっきりさせたい場合は、どのレベルの信頼と率直さがその関係において必要かをよく考えるのが有効である。

文化的に定義された、関係と信頼と率直さのレベル

あらゆる社会に、階級や地位、さらには予想されるつながりの程度という観点から、市民を階層化する傾向がある。表1は関係のレベルを示したものであり、ここから、謙虚なコンサルティングに欠かせない、レベル2という効果的な関係の概念を見ていこう。

レベルマイナス1　ネガティブな関係

このレベルの関係が存在するのは、独特の状況にかぎられる。基本的に互いを全く人間として扱わない状況、たとえば奴隷の所有者と奴隷や、看守と囚人、あるいは悲しいことだが、病

院や老人ホームにいる情緒的疾患のある人や高齢の患者と、その世話をする人たちのあいだにしか存在しないのだ。組織の世界ではそのような不当な扱いや冷淡さを目にすることはまずないが、ブラック企業や一部の国の工場では見られる場合がある。また、残念ながら、マネジャーが従業員を単なる雇い人と見なす場合もこの関係が存在し、従業員に「この職場環境は人間味がない」と思わせることになる。

レベル1 取引上の、お役所的な、ほどほどの距離を保った関係

このレベルに分類される関係は幅が広く、知らない人との関係としてきわめてノーマルなものだと私たちは考えている。ただ、知らない人とのあいだに心理的、社会的距離を感じていても、そこには、礼儀やマナーや差別しない姿勢といった、商業活動を可能にする文化的ルールに基づいて、かなりの率直さと信頼が存在していることは誰も意識していない。種々のサービスを受ける必要があるときや、組織のお役所的な関係に縛られているときや、本書の分析に最も関連するところでは、「専門職」という役割に基づく関係にあるときに、私たちはさまざまな取引関係において、多くのことについて「こうであるはずだ」と互いに思っているのである。

文明社会に生きる者として、私たちは少なくとも、同じ人間として互いを認め合うことを当然だと思っている。知らない者同士だったとしても、自分の存在に相手が気づかないはずがな

表　人間関係における信頼と率直さのレベル

レベルマイナス1　ネガティブな敵対関係、不当な扱い
例：囚人、戦争捕虜、奴隷、異なる文化圏の人、高齢者や情緒的疾患のある人、犯罪者や詐欺師の犠牲あるいは餌食になる人

レベル1　認め合うこと、礼儀、取引や専門職としての役割に基づく関係
例：街で出会った見知らぬ人、列車や飛行機で隣り合わせた人、必要なサービスを提供してくれる人、医者や弁護士など他人を支援する職業に就いている人

個人的な知り合い同士というわけではないが、互いを同じ人間として扱う。また、相手が自分に害を与えないことをある程度信頼でき、礼儀をわきまえたレベルで率直に会話することができる。医者や弁護士など他人を支援する職業に就いている人がこのレベルに属するのは、その役割定義として「ほどほどの距離」を保つことが必要だからである。

レベル2　固有の存在として認知する
例：個人的な知り合い、同僚、クライアント、仕事や教育の場を共有したために個人的に知るようになったが親密というわけではない上司や部下、たまに会う友人

このタイプの関係では、次の3点において、通常より深い信頼や率直さが示される。(1)交わした約束を互いに守る。(2)相手を傷つけたり相手が努力を傾けていることをけなしたりしないと合意する。(3)嘘をついたり仕事に関わる情報を隠したりしないことに合意する。

レベル3　深い友情、愛情、親密さ
例：強くポジティブな感情を伴う関係

親密な関係とは、きわめて率直であることや、相手を傷つけないだけでなく、必要とされるときはいつでも積極的に支援することを意味する。このタイプの関係は、仕事や支援を行う状況ではふつう、望ましくないものとされる。

いとも思っている。レベル1の関係では、個人的なことに踏み込まず、感情をあまり差し挟まないものだと考えられている。そして互いに「こうであるはずだ」と思っていることをもとに、持ちつ持たれつのやりとりを型どおりに行っている。こちらが何かを与えれば、相手は礼を言う。何かを尋ねられたら、答えなければと思う、といった具合に。これは当たり前のように行われるので、どこかで滞ったとき、つまり一方が慣習に従わなかったり「個人的なことに踏み込みすぎたり」した場合に初めて気にとめることになる。

多くの支援的な行動が、このレベル1に分類される。何かをつくったり維持したり直したりするために、そのサービスを担う人たちの手を借りる場合も然り、知らない人に道順を尋ねたりなんらかの作業の手助けを頼んだりする場合も然り。こうした状況すべてにおいて、「レベル1の信頼」と私が呼ぶものを私たちは示す。慣習どおりの行動がなされるはずだとか、いいように利用されることはないとか、助けてもらえるものと、みな思っているのである。私たちは「レベル1の率直さ」も示す。依頼したことに関して的確で役立つやりとりがなされるものと、みな思っているのだ。

当然だと思うこととそれに伴う行動の「ルール」は、状況や私たちが担う役割によって決まる。誰かに道順を尋ねるとき、ただ単に尋ねるだけだろうか。何か特定のサービスも、メンテナンス担当者や販売員や店員に対するときがまさにそうだが、ただ単に依頼するだろうか。役割に基づくレベル1の関係は次のような場合に複雑になる。相手が、支援を仕事にしている人、すなわち医者や弁護士、聖職者、公式に認められた対人関係の支援者（ソーシャルワーカー、カウンセラー、精神分析医など）の場合である。

専門家としての距離感、専門家との関係の非対称性

専門家と日々やりとりするなかでとくに問題になるのは、特定の支援を行うための教育や知識、スキル、免許があるがゆえの特別な地位を彼らが享受していることだ。その地位にあるために、彼らが果たす支援的役割は個人的にならざるを得ず、また彼ら自身も個人的な立場に立つことが許されているが、しかしその関係は対称的ではない。医者は患者に個人的な質問をすることができるが、患者が医者に個人的な質問をすることはできない。それどころか、患者が自分の状況についてきわめて個人的なことを打ち明けても、客観的に、すなわち、それは患者に関する個人的な詳細情報としてではなく、単に診断や治療に関する情報として扱うべきものであるかのように、振る舞う必要がある。

個人を個人として見ないこの姿勢は、プライバシーについての広範な社会的ルールによっていっそう強固になる。女性の患者がセラピストに恋心を打ち明けたとしても、専門家としての意識がセラピストに、得た情報を利用して彼女と親密な関係になることを明確に禁ずるのだ。支援を行う専門家はそうした告白についての規範や規則に縛られており、支援にまつわることについてしか、ふつう質問しない。泌尿器科医や皮膚科医であれば患者の最近の性行為につい

てきわめて個人的なことを口にするかもしれないが、整形外科医や歯科医ならそんな質問をする権利は自分にはないとたいてい思うだろう。こうした姿勢は、問題を技術的に解決できるときなら大いに役に立つ。しかし、コンサルタントが行う支援に、本書で述べているような複雑な組織の問題が絡んでいる場合、こうしたレベル1の関係では行き詰まることになる。

レベル1の支援が役立つ場合と役に立たない場合

専門家としてほどほどの距離を保つレベル1の関係は、支援者が問題を正しく診断し、いつでも使える有効な解決策を持っているかぎりはうまくいく。また、クライアントが問題を正しく認識し、何が問題なのかを明確に伝え、その問題に取り組める支援者を選んだかどうかによっても大きく影響される。これまで何度も目にしてきたが、クライアントは、助けを求めなければならないということにそもそも引け目を感じており、そのため初めはあまり信頼を寄せたり心をひらいたりせず、本当の考えをなかなか打ち明けようとしない。そして、支援者を信頼するこれといった理由を何も持たないまま、支援者と会話をし、最初に依頼したことに対する支援者の対応を見定めようとする。しかしながら、もっと個人的なことを口にしても安全かどうかを判断するために、支援者との関係を推し量ってばかりいるあいだは、クライアントはおそらく自分の本当の考えに気づいてさえいない（シャイン、二〇〇九年）。

支援者に助けを求めるクライアントは無意識に、支援者を「内容的に誘惑」して、専門知識を活かせる職務上の領域に引き込み、独自のスキルや今後の予定で支援者の頭をいっぱいにさせる。支援者は、気をよくするかもしれない。これは仕事として決まりそうだと思って、安心もするだろう。欲しくてたまらなかった収入を、これでようやく得られそうだ。どれくらいの時間とエネルギーを傾けることになるだろう。クライアントの電話はどこからなのか。自分は出張することになるのだろうか……。しかし、支援者としての役割や自分自身についてはあれこれ想像をめぐらすものの、それ以外の二つの重要な考え（感情と言ってもいい）についてはおそらく見過ごしてしまっている。この依頼によって、クライアントへの思いやりが湧くか、クライアントか提示された問題かのどちらかについて好奇心をかき立てられるか、という考え（感情）である。

支援になると思う方法にあまりに性急に飛びついてしまうと、誤った問題に取り組むことになるおそれがある。現実に起きていることを、まだしっかりとは探究できていないためである。クライアントは十分に信頼を寄せ、心をひらいてくれている、だから本当の問題が何かや、もらった助言に対して実際にどう行動するつもりかといったことを診断するための正確な情報を当然、提供してくれる、などと思うことはできないのだ。一般的な診療においてさえ、患者が情報を隠してしまうことがあるのは周知のとおりだ。問診で急かされてしまって本当に痛むところを医者に言えないため、あるいは、緊張のあまりいくつかのこと――特定の処方薬が飲めないとか、特定の治療手順に従えないとか――が言えないためである。指示を守っていますと嘘をつくことさえあるかもしれない。正しく服用できなかったことに心を寄せてくれると思えるほど医者を信頼していないためである。

専門家としてほどほどの距離を保つレベル1の関係では、個人的なことに踏み込まず礼儀正しくあることが求められるため、よもや患者がこんなことを言うとは思われていない。「先生、なんだか急かされている気がします。先生は私をぜんぜん見ていない。これでは、どんな症状があるか全部はお伝えできないと思います」。それどころか、患者はおそらくこう思うだろう。「なぜあんなに急かされないといけないんだろう。言い忘れたことがあったと帰宅してから気づいたが、必要な情報は全部そろった様子だったから、これからどうしたらいいか、先生はちゃんと判断できたんだろう」。あいにく、診断や処方を誤り、なんらかの悪影響がきっと出ることになる。また、時間単位で料金を請求されるからとか、その医者にはずば抜けた診断スキルがあるのだからという理由で、クライアントのほうも手短に効率よく話をしなければと思ってしまい、やはりレベル1の関係が促されることになる。

残念ながら、組織や経営のコンサルティングの多くが、こうしたレベル1の規範や手順に従って行われている。コンサルタントがやってきて、クライアントが最初に提起することに基づいて仕事を引き受け、さまざまなツールを使って型どおりの診断を行い、型どおりの助言を与えるのである。こうした手順のせいでクライアントはコンサルタントの診断プロセスにひどく依存することになり、根底にある本当の問題が決して現れなくなってしまう。やがて、クライアントがこう言っても、もはや手遅れになる。「とても興味深いが、私が思っていることとはちょっと違う。いろいろ教えてもらったが、あなたの助言をどのように活かせばいいのかわからない」。これが、複雑な問題についてクライアントを本当の意味で助けることにつながらない、レベル1の見せかけの支援である。では、レベル2になると、どうなるのか。

レベル2　個人的な関係

レベル2の本質は、クライアントが「支援される人」、つまりほどほどの距離を保つ必要のある他人ではなくなり、もっと個人的な話のできる、唯一無二の相手になることである。謙虚なコンサルティングの本質とは、そういう関係を、「パーソナライゼーション」への扉をひらくことによって、コンサルタントがクライアントと初めて話をするときから築き始めることだ。すると、クライアントもコンサルタントも、役割を通してではなくその人自身を見て、互いに接するようになる。

コンサルタントはレベル1の場合と違い、様子をうかがったり診断や分析をしたりせず、即座に、クライアントとクライアントが置かれている状況に対して好奇心と関心を示す。クライアントの本当の考えや思いを、できるだけ早く知るためである。そうした個人的な関係を全力を挙げて築こうとするのは、「解決の糸口につながりそうな」問題点を突きとめるチャンスを増やし、無駄あるいは有害な診断プロセスや介入を始めないようにするためだ。無用の有害な診断プロセスは、日々当たり前のように行われている。とくに、文化をつくったり変えたりしようとするプログラムで顕著である。

マネジャーがコンサルタントに電話をかけて、「チームワーク（あるいは従業員エンゲージメントや顧客サービス）を特徴とする文化をつくりたい」と希望を伝え、コンサルタントがプログラムを提案する。しかし、新たに文化を「つくり出せる」のは、自分でグループを新設して、そのグループに自分の価値観を押しつける場合だけであることに、どちらも気づいていない。そしてその場合でも、グループがうまく機能し、創設者の価値観に納得しなければ、それは文化にはならない。診断のための調査にいくら時間と金をかけても、マネジャーが本当に心配に思っていることをコンサルタントが見つけられなければ、役立つ支援はまず提供されないのである。

こうした状況で個人的な関係になるというのは、クライアントが懸念していることと、本当に達成したいこと、そして文化を変えなくてもできそうなことが明らかになる会話を始めるという意味である。謙虚なコンサルタントが何か個人的なことに触れる場合、その情報は必ず、たしかな信頼関係のもとで、クライアントが本当に懸念しているものと本当に必要としている支援とが明らかになる雰囲気づくりにつながるものなのだ。

言うまでもないが、レベル２に含まれる範囲はきわめて広く、本書で述べているような個人的な関係を築いた《パーソナライズした》うえでの支援から、さまざまな種類の友情や、取引上はレベル1である支援者との個人的なつながりにまで及ぶ。関心事やこれまでの人生で共通点があることがわかれば修理工や販売員とも知り合いになって、事務的な関係にレベル2の個人的な要素を加えることになる。ただ、支援という文脈でそうした関係を定義するときに問題になるのは、私が述べているパーソナライゼーションが、支援することと本当に必要な支援を受けることという相互的な目標に関して生じるものであるという点だ。長時間のフライトややはり長時間の消防訓練でたまたま知り合った人について知ったことは、個人的な内容ではあるが、その人が（クライアントになったとして）抱えている問題を共同で解決しようとするうえではおそらく意味を持たない。レベル2の関係は、支援者とクライアントが取り組む共同の課題を中心に築かれる。そして、支援を与えて受け取るという状況に適用される文化的ルールに縛られている。そうした状況的ルールは、支援の文脈における「信頼」と「率直さ」の意味を明らかにするのに有用である。

レベル2における信頼と率直さ

私たちは、赤の他人であっても、ある程度は信頼する。では、レベル2の信頼と率直さは、どこがそんなにも違うのだろう。レベル1の関係では、率直さを保証するものが何もない。今取り組んでいる課題に関することなのだから相手は本当のことを言ってくれるはずだとか、最も重要なこととしては、課題を首尾よくあるいは確実に達成するのに影響するかもしれない情報を相手は進んで提供してくれるはずだとか、そう期待できるほどの率直さを保証するものが何もないのだ。レベル1の関係では、約束を守り、全力を注ぐことを保証するものも何もない。しかし、支援の関係を持とうとするなら、コンサルタントとクライアントのどちらもが、本当のことを話し、情報を進んで提供し、全力を傾け、約束を守るというレベルに到達する必要があるのだ。

レベル2の関係では、コンサルタントは、自分を偽らず、クライアントが費用を惜しまず求める特定の診断プロセスや介入について疑念を口にする。また、この支援プロセスを続けた結果に疑念がある場合、クライアントがその疑念をきっと口にするものと思っている。レベル2の関係では、コンサルタントはときおり「私たちが今していることは本当の意味で支援になっていますか」と真摯に問い、クライアントがきっと正直に答えてくれるとも思っている。

課題および目標本位のパーソナライゼーション

本書で紹介する事例にあるとおり、クライアントかコンサルタントのどちらかが個人的な関係を築くことを選択する《パーソナライズする》と、そのパーソナライゼーションではふつう、二人は支援関係を築くためにそこにいるという当初の前提をずっと守っていくことになる。クライアントが電話をかけて、文化調査を頼めるかどうか尋ねた場合、レベル1のコンサルタントなら「もちろん。どのような調査をお考えですか」と答えて、期待に添う専門家らしい助言をする積極的な姿勢を見せるだろう。しかし謙虚なコンサルタントとして行動し、関係を個人的なもの《パーソナライズ》にしてレベル2をめざそうとするなら、「もう少しご説明いただけますか」「文化調査をしたいのはなぜですか」「あなたのお考えはどのようなものでしょうか」「どういう意味で『文化』とおっしゃっていますか」「なぜ私に電話することにしたのですか」などと尋ねることになる。

あるいは、自分に関する何か個人的な話をすることによって、個人的な関係を深めよう《パーソナライズしよう》とすることもできる。たとえば、「経験から申しますと、そうした調査が功を奏するのは、ビジネス上の明確な問題に関連しているときにかぎられます」という具合に。

このように尋ねたり話したりすると、クライアントをやんわりと、半ば強制的に、より個人的な会話へ引き込むことになり、多くの場合、クライアントの本当の思いや考えを早く知る方向へ向かっていく。

しかしながら、そうした質問はクライアントが心をひらいている状況でなされるべきであることを忘れてはいけない。また、「年齢を伺えますか」「ご家庭の状況はいかがですか」などという質問は、ブラインド・デートのようなもっと別の状況でならふさわしいかもしれないが、この時点ではコンサルタントの頭に浮かぶことさえない。パーソナライゼーションは「これは、なんらかの支援を求めている人と、なんとかして役に立ちたいと思っている人との会合である」という暗黙の基本前提に基づいて生まれるものである。それが関係の深まりとともにどのように展開するかは後述するとして、今は次の点をはっきり伝えておこう。パーソナライゼーションによってレベル2の関係を築こうと決意するその目的は、支援の場という文化的状況において、信頼と、ひいては率直さを生み出し、クライアントの本当の思いや考えを明らかにするためである、と。

もしクライアントが、コンサルタントによって引き込まれるまま、個人的な対応をするなら、両者の関係はテスト段階に入り、やりとりをするたびに、機会を捉えて個人的な関係を深めるか否かを選び続けることになる。しかし、会話はあくまで課題指向であることを忘れてはいけない。また、二人はたちどころに友人になれるわけではない。それを目的としてはいないからである。しかし、ある調査が役に立つあるいは立たないと思う本当の理由に関して、きわめて率直に考えを述べることはできる。私の経験をお話ししよう。クライアントにある介入を頼まれたが、それは私がかねがね効果を疑問視している介入だった。長時間にわたって話をし、やがて信頼関係ができたところで、クライアントがついに打ち明けた。この介入は、ある役員に頼まれたもので、自分としては懐疑的なのだが、約束してしまったのだ、と。本当の問題は、その役員への対応の仕方をクライアントがわかっていなかったことだと判明したため、私たちはその問題に対処すべく、あらためて有用なコーチング・セッションを始めたのだった。

内容か、プロセスか

もう一つ、重要な問題として考えなければならないのは、個人的な話に踏み込む《パーソナライズする》のは、提示されている問題そのものに関してなのか、それともクライアントが問題を提示している方法や述べているプロセスに関してなのか、という点だ。コンサルタントは、クライアントが提示した内容に大いに好奇心をかき立てられるかもしれないし、クライアントが述べているプロセスに強く関心を引かれるかもしれないのだ。

クライアントがたとえばこう言ったとする。「私の組織ではエンゲージメントの問題が起きています。そのため文化調査をしたいと思っています」。コンサルタントには、どのように対応するかについて、すなわち、どの部分に好奇心をそそられるかについて、いくつかの選択肢がある。コンサルタントは、(一)「どのような意味で『エンゲージメント』という言葉を使っていますか」と尋ねることもできるし、(二)「エンゲージメントが不足していることについて、どんな点が気がかりですか」と尋ねてもいい。あるいは、(三)「なぜ調査をしたいのですか」、(四)「この時点で私に電話をかけたのはなぜですか。今、どんな状況になっていますか」と尋ねることもできる。

コンサルタントは三種類のプロセスを徹底的に調べることになる。クライアントが何を考えどんな問題解決プロセスを思い描いているか、進め方についてクライアントが明確に理解しているか、コンサルタントがするべきことに対してクライアントがどんな思い込みを持っているか、の三つである。コンサルタントは調査を行うことには同意するかもしれないが、もしクライアントが文化の本質を理解したいと本当に思うなら、その組織が個別調査とともにグループ・インタビューも行う方向へ引っぱっていこうと考える。この対応によって、クライアントはコンサルタントがグループ・インタビューを勧める理由を考えることになり、最終的には次の一手《ムーヴ》を共同で、より明確に決められるようになる。重要なのは、使うプロセスを最終的に共同で決められるようになるのは、レベル2の関係がしっかりと築かれ、本当の考えが両者から引き出された場合だけだという点である。

まとめると、こういうことだ。複雑かつ厄介な、技術で解決できない問題に関しては、課題指向のレベル2の関係が不可欠である。この関係があって初めて、たしかな信頼を築くことが可能になり、支援者とクライアント双方の本心や、本当の問題や、懸念を浮かび上がらせることができるのだ。このレベルのパーソナライゼーションは、課題につねに焦点を合わせており、必要なだけの深みもある。また、世間では「親密」と見なされてしまうような愛情や個人的なことを匂わせることはない。実際、クライアントと親密な関係になるのは望ましくないという現実を、ふつう私たちは受け容れている。ただし、レベル3では行き過ぎだがレベル1では不十分であることを学ばなければならない。支援者は、パーソナライゼーションによって、最適なレベル2の関係を持てるようになる必要があるのだ。

レベル3　親密さ、愛着、友情、恋愛感情

レベル2で生まれる関係は深すぎるものではないが、それを超えた「親密な」あるいは「近しい」間柄と呼ばれるのが、レベル3の関係である。このレベルの関係では、より強い感情が絡んでおり、レベル2の信頼や率直さがすべて築かれたうえでさらに、必要に応じて熱心に支援し合い、気持ちや愛情のこもった態度を互いに積極的に示すことが当然だと考えられる。

組織に関する仕事では、レベル3の関係は避けたほうがいい。なれ合いや身内びいき、えこひいき——仕事をするうえでさまたげになると考えられ、ビジネスの領域の場合、私たちの文化ではしばしば「腐敗」とレッテルを貼られるほどのえこひいき——のすべて、あるいはいずれかを生み出してしまうからである。セラピストは患者の私生活に関わってはいけないことになっている。職場恋愛も不適切と見なされる。金品を贈ることも、仕事をやり遂げるインセンティブとしては違法と見なされる。適切なパーソナライゼーションと不適切なパーソナライゼーションを分けるこうした規準は、ほかのすべての支援関係にも当てはまる。

レベル3の親密な関係や友情に関して言えば、率直に話すべき事柄についての文化的規準が広がる。個人的な感情や反応や意見について相手に伝える内容がだんだん増えることによって、関係が深まるためである。また、自分が話したことについて相手がどの程度受け容れてくれているかを、相手がさらに多くのことを話して応えてくれるかどうかで測るようになる。私たちは、互いにより個人的な細かい質問をしていき、受け容れられていると感じるかそれともイライラするかを確かめ、それによってどの親密さが心地よいかを知るのである。

親密な関係であっても境界は明確にあり、どれくらい深くなるかは関係によって変わる。子ども時代に文化のなかで学んだことによって、率直さに対する自分の指針や範囲が決まり、私たちは「プライベート」に関して独自の感覚をつくりあげ、そうした「プライベート」なことについてはごく親しい友人や家族にだけ例外的に話すことになる。また、団結して作戦を実行するネイビー・シールズ（海軍特殊部隊）やアーミー・レンジャー（陸軍特殊部隊）を思わせる仕事や状況に出くわすことが、ときにはある。そうした仕事では、各メンバーの仕事の仕方を細かいところまで熟知していることが求められる。その仕事をやり遂げるのに、きわめて高いレベルの協働が必要だからである。

以上のようなレベルを見きわめる場合、境界は最初から明らかであるわけではないし、相手の対応についてもいつも予測できるとはかぎらない。レベル2の関係を築くことで重要なのは、率直さの程度の変化に対して相手がどう反応するかを互いに細かく量って、心地よさ――信頼し合い、率直かつ誠実に話していることを双方が信じられるレベルの心地よさ――を探しながら、どこまで個人的な関係を築ける《パーソナライズできる》かを両者が見きわめることなのである。

レベルについてのまとめ

ここまで、信頼と率直さの程度の違いが顕著な、人間関係の四つのレベルについて述べた。どのレベルもかなりはっきり特徴を捉えることができるが、「支援関係」とは何かを明確にしようと思うとき、ひとくちにレベル2と言っても、率直さや信頼が意味する範囲はやはり広い。謙虚なコンサルタントは、より個人的なことを尋ねるか打ち明けることによってレベル2の関係を築く必要があるが、同時に、レベル1の特徴であるほどほどの距離を保つ堅苦しさや、レベル3の親密な間柄でされるような質問や個人的な話をしてプライバシーの侵害だと感じさせたりするのは避けなければならない。支援者に求められるスキルの大半は、堅苦しくなりすぎず、親密にもなりすぎず、うまくバランスをとることなのである。

レベルとレベルの境目はかなり曖昧だが、大原則として、謙虚なコンサルティングにはレベル2の関係が不可欠である。ほどほどの距離を保つレベル1の関係では複雑で人間的な問題を解決することはできないし、レベル3の関係は現代のおよそあらゆる職場環境において倫理的に論外だと見なされてしまうだろう。もしレベル2の関係を築いて、本当の問題が何かを共同で追究した結果、これはなんらかの技術で解決できる、つまり実行可能な解決策があることがわかったら、謙虚なコンサルタントは、自分にその技術があればそれを使い、なければ、解決策をくれる適切な専門のコンサルタントか「医者」をクライアントが探すのを手伝うことになる。問題がいくつもの答えを持ち、複雑かつ厄介で、絶えず変わり続ける場合は、謙虚なコンサルタントの役割は、状況を改善するためのアダプティブ・ムーヴが何かをクライアントが見出し、実行するのを手助けし続けることになる。

具体的な事例

謙虚なコンサルティングではどんなことを行うかという点について、私は長年にわたり経験を積むなかで理解を深めていった。とくに深まったのは、どこまで個人的な関係になれるかを顧みず、かつ、私がさまざまなレベルで仕事をし、その結果についてしっかりと考察した場合だった。実例を挙げて、お話ししよう。

CASE2
役立たずな善意——エンジニアへのインタビュー

この事例を紹介するのは、伝統的なレベル1のコンサルティングの典型であり、全く役に立たないばかりか、組織や支援のための貴重な資源を台無しにすることを示しているからである。MITスローン経営大学院の助教授になって間もなく、メンターで上司のダグ・マクレガーが、私と同僚にこう尋ねた。「近くにある企業が自社のエンジニアリング部を改善したいというんだが、手伝ってみないか。エンジニアたちから直接話を聞いて、うまくいっているところとそうでないところを探し、わかったことをまとめて、部長に提起する仕事だ」。ダグによると、管理部の部長からの依頼で、プロセスは私たちにしてほしいこととして会社が考えたものだった。実際のところは、私たちは組織の「医者」として雇われていた。組織を患者として調べ、診断をし、解決策を提案するためだ。そして報酬を得る。私は初めて経営コンサルティングの世界へ足を踏み入れたのだった。

エンジニアリング部の秘書が、部屋を整え、予定を決め、インタビューの実施について社内回報でエンジニアに伝えた。私たちは一カ月ほどでインタビューを終了し、すべてのデータを注意深く分析した。報告書には、うまくいっている点と、改善が必要な点、それにマネジメントに関するコメントを書いた。そして最後に、悪い点とその修正の仕方について行った私たちにできる最高の診断に基づき、いくつかの提案をした。

私たちはエンジニアリング部の部長と二時間にわたり、会って話をすることにした。そして、エンジニアリング部を改善する方法についていつでも説明できるよう心積もりをして、報告書を手渡した。部長は目次を見て、マネジメントに関する部分を見つけると、コメントに目を通した。なかには、彼のマネジメント・スタイルを明確に批判するコメントもある。部長は眉一つ動かさず、丁重に礼を述べて、会合を終わらせた。

その後、部長からも同社のほかの誰からも全く連絡がなかったため、役に立ったのか、何か不都合があったのか、あるいは見当違いの診断だったのか、知ることはできなかった。私たちはするべきことをした。だからマクレガーとも、プロセスの全体について話をしなかった。しかし、どことなく「失敗だった」と、強く感じていた。

学び
私たちのコンサルティング・モデルはどこで「失敗」したのか

●今にして思えば、考えうるあらゆる点で、私たちは失敗した。管理部の部長ともエンジニアリング部の部長とも一度も話をしないままインタビューを始めてしまい、そのためどんな目的や隠された意図があるのかわからなかった。その仕事が始まってから終わるまでずっと、彼らは私たちにとってレベル1の見知らぬ他人のままだった。さらに重要なことに、どんなことについて私たちが質問するかを、エンジニアリング部の部長と話し合ったことがなかった。つまり、彼のマネジメント・スタイルが報告書に記されるという事実を彼に知らせなかった。フィードバックのための彼との会合がぎこちなく、形式的で、何一つ生み出さなかったからといって、驚くにはあたらなかったのだ。

●私たちは、クライアントが本当は誰なのかも、どんな問題を解決するのかも、「改善」が何を意味するのかさえも把握しないまま、インタビューを開始した。私たちは傲慢にも、そんなものは決まりきっていると言わんばかりに、「改善」の意味するところを知っていると思っていたのだ。ダグ・マクレガーがどういう考えでこの仕事を私たちにさせることにしたのか、その点を彼とじっくり話すこともなかった。

● 私たちは、よい「科学者（科学的方法を使う人間）」になることに終始していた。然るべきインタビューを行って完璧な診断をすることや、入念な内容分析を行うことや、うまくいっているところと、いっていないところと、やり方を変えるべきだと思われるところを申し分なくまとめることにばかり焦点を合わせていたのだ。「データを集める」科学者であるために、マネジャーたちがどんな問題を念頭に置いているのかも、どんな変化が生じることを目標にしているのかも、考えたことがなかった。エンジニアリング部に足りないのは生産性なのか、それとも創造性なのか。やる気に問題があるのか、それとも離職率があまりに高いのか。私たちの仕事と、この組織が取り組もうとしている仕事上の問題とがどのように関連しているのかも、私たちは知らなかった。それは、科学的には、私たちが引き受けた役割と無関係だった。

● 私たちは、念入りに分析したり提案したりすれば結果はおのずと出る、という思い違いをしていた。私は初めて学んだ——分析すること自体を目的としてシステムを分析してもあまり役立たないことを。ある人の人間性がさまざまな観点から分析できるのと同様、どのような複雑なシステムにおいても、分析はさまざまな観点からすることができるからである。組織と文化（あるいはどちらか一方）をそれ自体のために分析しても、支援にはつながらない。科学的には「興味深い」かもしれないが、支援しようとしているときには、分析する必要性の明らかな問題点や課題があればそれに目を向けるほうが、よい結果が生まれるのだ。

●まとめると、最大の教訓になったのは、データを収集する科学者であることは支援者であることと同じではないという点だ。特定の診断ツールが科学的な信頼性や妥当性に太鼓判を押している場合、それはなんらかの調査目的のために組織を「評価」しようとしている科学者にとっては役立つかもしれないが、問題を解決しようとしているクライアントにとっては役に立つとはかぎらないのだ。この気づきが間違っていないことを後押しされたのは数年後、幹部育成プログラムの一環として、ある組織の文化について科学的なグループ分析を行ったときだった。私はそれを実に興味深いと思った。しかしグループの人々は、つまらないし、なぜそんなことをしているのかと首をかしげていた。彼らにとって、分析はそれ以外の何かと結びつくものではなかった。しかし私にとっては研究資料になった。

この二つは全くの別物なのである。

CASE3
DECとの素晴らしい体験

ディジタル・イクイップメント・コーポレーション（DEC）と私との関係は、一九六〇年代半ばに始まり、一九九〇年代半ばまで続いた。そこでの支援に関する素晴らしい経験から、私は長きにわたって数え切れないほどのことを学び、最後にはこの組織の発展と終わりについて本を著すことにもなった（シャイン、二〇〇三年）。出会ってまもなく行った介入は、当時はわからなかったが、重要な学びの機会になった。「プロセス・コンサルテーション」につながり、「謙虚なコンサルティング」の土台を築くものだったのである。

最初の会合と提案されたこと

DECとの関係が始まったきっかけは、一九五〇年代末にMIT産業学際会の事務所にいたウィン・ヒンドルと知り合い、彼とレベル2の関係を築いていたことだった。彼はDECの共同創業者ケン・オルセンに声をかけられてエグゼクティブ・アシスタントとなり、その立場からある日、DECと仕事をする気はないかと、私に電話をかけてきた。あると答えた私は、ケンと会うことになった。「相性を確かめるため」である。オフィスを訪ねると、彼は少しも気取りがなく、コンピュータ関連の古いアイテムとアウトドア用品に囲まれていた。話を始めても、私と話し合いたいのはカヌーなどアウトドア・スポーツのことばかりのように思えたが、私にコンサルタントとして加わってほしいと望んでいる理由はどうやら、MITとその教授陣に対してありがちな信頼を寄せているからにすぎないように思われた。

彼が私に提案したのは、毎週金曜午後に行われる運営委員会の定例会議に出席し、「コミュニケーションとグループがうまく機能することに関して支援できないか確認する」ことだった。とりたてて問題が起きているわけではないが、「われわれはエンジニアの集団だから、社会心理学者にそばで助言をしてもらえたらありがたい。会議に出て、助言するところがあるかどうか確かめるだけでいい」という。この最初の探究では、口を挟む機会も質問をする機会もほとんどなかった。ケンの様子は、自分は万事を把握しており、私から何か意見をもらうことなどみじんも期待していない、と言わんばかりだったのである。彼は、詳しい時間と場所については秘書から知らせると言って、会合をおしまいにした。

この時点での私たちの関係はまだレベル1であり、私は自分がこれから何を見つけるのか、それによってどこへ導かれるのか、知るよしもなかった。それにしても、若い教授でありコンサルタントでもある人間に、「ただ観察して、手伝えるかどうか検討するだけでいい」などと依頼するとは。本社はマサチューセッツ州メイナードにあり、ケンブリッジからは三〇分で行ける。毎週金曜の会合に出席するのに、なんら問題はなかった。

この仕事を自信を持って引き受けたのは、メイン州ベセルで毎年夏に行われるアクティビティに、NTLの人間関係ラボラトリーのスタッフとして、数年にわたって参加していたためだ。NTLは、クルト・レヴィンの理論に基づいて創設され、今では「体験型教育」として知られるものを、一九五〇年代にすでに始めていた。重要な学びが生まれるのは、Tグループ（トレーニング・グループ）のなかだ。それは、グループとリーダーシップについて学ぶ環境を、参加者とスタッフが力を合わせてつくり出す場だった（シャイン&ベニス、一九六五年）。

早い段階でのグループ介入

ベセルでの経験があったため、私はよいグループの定義を自分がわかっていると思い、無意識のうちに、自分の役割は、分析と提案をし、それによって「状況を改善」できる科学者であるとして、その役割に自分を押し込めてしまっていた。そんな私を、ケンは、やはり広範な権限を持つグループに紹介し、私の役割は主に、グループの様子を見て、支援できるところがないか確かめることだ、と言った。事実上ケンが私という人間について保証してくれたことで、グループの人たちに概ねレベル1くらいでは受け容れられたように思う。おかげで、グループの行動を観察し、そこからできるだけ多くを知るために、「グループの医者」という役割を引き受け、礼儀正しく耳を傾けることが、すんなりできるようになった。

何も発言することなく二度ほど会議に出席したのちに気づいたのは、彼らは議題リストをもとに会議を進めているが最後の議題まで行き着かないこと、そして行き着かないことにイライラしていることだった。重要な議題を話し合う前に時間切れになってしまうためである。三回目の会議でも同様の苛立ちが漂い始めたため、私は謙虚な問いかけをすることにした。

シャイン▼すみません、ちょっと伺ってもいいですか。この議題リストはどのように用意されたのですか。

何人かのメンバーが困惑した様子で顔を見合わせた。

ケン▼私が秘書につくらせたんだが……。

さらに多くのメンバーが困惑した様子を見せた。

ケン▼どんなふうに準備したか、秘書に聞いてみよう。

ケンの秘書が呼ばれた。

ケン▼マージ、毎週の議題リストを、どんなふうにきみが準備しているのか知りたいんだが。

マージ▼運営委員会のみなさんが、今週話し合う必要があるとおっしゃった議題を載せているだけですよ。連絡をいただいた順に書きとめていき、リストにしてお渡ししているんです。何か不都合がありましたか。やり方を変えましょうか。

ケン▼いや、何も問題はない。今までどおりで大丈夫だ……。

すぐには誰も口をひらかなかったが、なんというナンセンスなリストのつくり方だと言いたげな空気が部屋中に漂っていた。やがてケンがその場を引き受けて言った。

マージが出ていくと、ケンがふたたび口をひらいた。

ケン▼言うまでもなく、緊急度は案件によってさまざまだ。来週からは、マージからリストを受け取ったら、まず最初の五分で、早く話し合う必要性のあるものを選び出すことにしよう。

多くのメンバーが頷き、今後はあまりイライラせずにすみそうだとほっと胸をなで下ろしていた。私は、自分が何気ない風を装ってグループを支援したことをむろんとても誇りに思っていたが、これが「プロセス支援」の完璧な事例であったことを理解したのは、それから何年も経ったのちのことだった。プロセス支援とはつまり、厄介な問題になりかねない懸案を認識し、そのうえで誰かの無知（知らないこと）を戦略的・戦術的に使うこと、そして、今起きていることをグループがみずから目にし、別のやり方を選択することについて自分たち自身で判断できる瞬間に、タイミングを測り、細心の注意を払って質問することである。

それから一、二週間のあいだ、グループは緊急の対応が必要な課題に数多くぶつかった。そのために今度は方針に関する重要な問題がどんどん先送りされる事態となり、私はどうすればそうした重要な問題に取りかかってもらえるだろうと考えるようになった。そして、関心を引き起こす質問によって、その点を提起することにした。これは、先の介入とは全く異なる種類の介入である。

シャイン▼方針についての重要な案件のなかに、後回しになっているものがありますね。そうした問題に真っ先に取り組む会議を、別に設けたほうがいいのではないでしょうか。

いきなりずいぶんと示唆的な問いかけをすることになったが、適切だと思われた。このグループは効率性を非常に重視しており、プロセスについての新たな提案となるものに敏感だったためである。

メンバー▼隔週の金曜日に行うのはどうだろう。

グループが金曜午後の会議に疲れて臨んでいるのは見て取れていたので、その点を指摘し、隔週の金曜日には行わないよう助言すべきだろうか、と私は考えた。また、このまま問いかけを続けるか、別の質問モードに移るか、あるいは直接的な提案をするかも決めなければならなかった。彼らから提案されたその解決策に、大いに疑問を投げかけたかったからである。この時点で、私はいっそう医者の役割に徹する方向へシフトしており、診断をして、おそらく処方箋さえも書こうとしていた。そうするのはもっともなことだと私には思えた。効果的な会議の運営のことなら、グループのメンバーたちより私のほうが専門家として長けていたからである。

シャイン▼方針について話し合うために、会議の時間が延びるのは得策でしょうか。

メンバー▼たしかに。では、金曜の会議をもっと早く始めることにしよう。

それでは問題が解決されるようには思えなかった。それに、オフィスを離れたほうが、もっと深く問題を掘り下げられるようになるのではと私は考え始めていた。

シャイン▼みなさんは、方針についての重要な問題を、金曜の午後にこのオフィスで話し合いたいと、本当に思っているのですか。

この問いは、先ほど以上に、関心を引き起こすものだった。また、気乗りしない金曜の午後に重要な問題を話し合うのがどれほど非効率的か、その点が理解されていないことに対する私の苛立ちを、如実に示すことにもなった。

メンバー▼いや、あなたの言うとおりだ、エド。製品や生産に関する重要な判断については、オフィスを出て、あまり疲れていないときに話をしよう。

ケン▼週末、メイン州の森のなかにある私の別荘へ行くのはどうだろう……。

その提案に対してすぐさま前向きな反応が起き、私が興味深く見守っていると、時を移さずほかのメンバーたちが自分の別荘も提供すると述べ、問題を真剣に解決しようとする雰囲気が満ちていった。ものの数分で、彼らはオフィスを離れ、森《ウッズ》にあるメンバーの誰かの別荘で、丸一日に及ぶミーティングを定期的にひらこうと決めた。そのミーティングはやがて、年四回の週末のリトリート（日常生活を離れて自分を見つめなおす場）として、重要な戦略的決定の大半がなされる場になった。金曜に行われていた会議が、その形式だからこそ解決できる、緊急の問題に集中的に取り組むものになったのである。この年四回のリトリートは「ウッズ・ミーティング」と名付けられ、DECの歩みにおいてその後ずっと、運営体制に不可欠なものになった。

学び

● 議題リストに関して早期に介入した結果、このグループは、問題をはっきり認識しさえすれば、すぐに自分たちで解決できることがわかった。そのため、重要なミーティングを社外で行ってはどうかという考えが示されるや、あっという間にグループが新しいプロセスを編み出したのを、ごく当然であるように私は受けとめた。それは、私には思いも及ばないプロセスだったが、アウトドア・スポーツが盛んな、森に恵まれたニューイングランドの文化にみごとに適うプロセスだった。

●一連の流れのなかで、文化がどのようにつくられるのかを見ることができた。グループというのは、特定の問題を解決するために、新たなプロセスと新たな構造をつくり出す。そして、うまく解決できたら、その方法が当たり前になり、いつどこで考え出されたかをグループの人々は忘れてしまう。長年のうちに、重大な問題はウッズ・ミーティングをひらいて解決するのが当たり前になった。運営委員会のメンバーだったエンジニアリング部の部長はこの解決策を大変気に入り、同部署のリーダーたち向けに、「ジャングル・ミーティング」と名付けた同様のミーティングをひらくようになった。

●感受性訓練グループのファシリテーションを行った経験から思い起こされたのは、クライアント・グループが十分な情報を得て、問題を自分たちの目で確かめられるようになったタイミングを見計らって注意深く介入を行うことが、どれほど重要であるかという点だった。すると介入は、軽く背中を押し、革新を行うことにいわばゴーサインを出すものになる。また、診断的な問いかけをすると、多くを達成できるようになることにも、私は気が付いた。それは、新たなアイデアをクライアントの考えのなかに強引に押し込むのではなく、もっともだと思えたらクライアントがさっと取り入れられるように、アイデアを示していく問いかけである。

●最大の学びは、謙虚な問いかけをする単なる質問者から、金曜午後の長い会議が方針や戦略について議論する場として効果的でないことを知る専門家へ、自分が役割を切り換えられたことだ。グループ運営の経験に基づく専門知識を自分が持っていることをはっきり意識すると、プロセスについての示唆的な質問という形でその知識をグループに伝えるのが、適切で自然なことになった。

●また、介入するたびにグループの会議が有意義になるよう手助けしたことで、私の信頼性が高まり、廊下で呼びとめられ話をするようになって、メンバーたちと個人的な知り合いになることができた。私たちはレベル2の関係へ向かい始めていた。その後、問題が複雑さを増すにつれ、不可欠になった関係だ。この頃のことを思い返すと、今まさに**謙虚なコンサルティング**として述べている複雑な役割へ、自分は進んでいたのだと思う。振り返ってみれば、当時行った介入のほとんどが、今私が**アダプティブ・ムーヴ**と呼んでいるものだったのである。

●最後にもう一つ、ＤＥＣとの関係が始まった頃のこうした経験から学んだのは、組織が実際に仕事をしているときにその組織のそばにいると、本当の問題が早く浮かび上がるということだった。ケンは直観の鋭いリーダーで、どんな問題に気を付けてほしいのか具体的に私に指示する必要はないと思っていた。代わりに、私を組織に招き入れ、いつどのようにに支援するかに関して、よく観察し、私自身の結論を導き出すように求めた。そうしたやり方は、のちに述べるように素晴らしくうまくいくこともあったが、次に述べるように、難しい場合もあった。

好き勝手なことをするグループを正そうとすること

ウッズ・ミーティングが定期的に行われるようになると、私はたびたび出席を求められたが、初めの頃のあるミーティングが、金曜の午後に見た様子の比ではない無秩序状態になったことがあった——互いの発言を絶えず邪魔し合い、感情的になり、こき下ろしていたのである。ほかにも、電子メールを読んだり、ふらふらと部屋の別の場所へ移ったり、議論に興味がないことをあからさまな態度で示したりといった、無法地帯かと思うような行動を、出席者たちはしていた。ケンでさえ、部屋の隅へ歩いていき、コーラの缶を積み重ねたりもてあそんだりしている。もっとも、話にはしっかり耳を傾けており、ふいに声を荒らげて会話に割り込むこともあった。

ベストだと思えるタイミングを捉えて、私は介入することにした。あるメンバーが意見を述べようとしたところ、突然別のメンバーにさえぎられたのだ。

シャイン▼ちょっといいですか。今、気になることがあったのですが。ジャックが意見を述べていたのに、途中でピートが割り込んで自分の考えを主張し始めました。これでは伝えたいことを伝えきれないように思われますし、こういうことは今日が初めてではありませんね。

ジャック（笑みを浮かべて）▼全くだよ、言いたいことを言えなかった。

ピート▼あなたの言うとおりだ、エド。ジャック、申し訳ない、自分の主張をはっきり言っておかなければと思ってしまったんだ。しかしたしかに、話をさえぎって相手の邪魔をするのはよくないことだな。指摘してくれてありがとう、エド。

だがこの介入に満足できたのはつかの間にすぎず、再開されたミーティングの様子は、私の発言など誰も何も聞かなかったに等しかった。割り込んだり感情的な行動をとったりといった無秩序状態を招く行為が、以前と同じように行われたのである。私はさらに二、三度、そうした行為について指摘し、そのたびに「有益な助言」に対して感謝されたが、結局のところは何の変化にもつながらなかったのだった。

学び

●ずっとあとになって、私は重要なことを理解した。私は厳しい専門家になって「その行動はよくない」とグループに指摘してしまっていた、と。感受性訓練グループのファシリテーションで学んだルールの一つ、すなわち、行動は**観察する**ものであって**判断を下す**ものではない、というルールに、私は完全に背いてしまっていた。行動について判断を下すことや、発言をさえぎったらどうなるかを考えることは、グループにしてもらうことなのだ。私は、「このグループでは○○ということがたびたび起きていますね」と言うことによって、それは望ましくない行動だとはっきり告げてしまっていた。今思えば、そのように介入することで、グループの学びを支援する方法について知っていた原則の大半をないがしろにしてしまっていたのだった。

●これを、謙虚なコンサルティングの観点からよく考えると、私はグループの行動が**自分の理想とするモデル**と同じかどうかに神経をとがらせ、グループがそのように行動する**理由**についての自分の好奇心を抑えてしまっていた。「みずからの無知を利用する」という自分の信条に背き、自分が知らないもの――今回のケースではグループがひどく感情的で好き勝手なことをする理由――に集中することができていなかったのだった。

●重要なのは、自分が相変わらず医者であり科学者であったこと、そして「よいグループ・プロセス」とは何かについての自分自身が持つモデルに基づいて行動してしまい、実際に起きている現実に十分な注意を払えていなかったことである。私は忘れてしまっていた――優秀な人がわけもなく愚かな行動をとるはずがないことを。そのため、端《はた》から見れば愚かに思えるが、彼らとしては筋が通っているのかもしれないことを彼らがしている理由を見つけ出す必要があることを。グループというのは、しようと思うことをするものであることを私は学んだ。そして、NTLの人間関係ラボラトリーで知ったよいグループについてのモデルが、学びを促すために考案されていることを思い出した。もしかしたら、このグループにはもっと違ったプロセスが必要な、別の目標があるのかもしれない。あるいは、好き勝手なことをするこのプロセスこそが、私にはまだ理解の及ばないなんらかの方法で、彼らのために問題を解決するのかもしれなかった。

ブレイクスルーになった介入

好き勝手な行動が続くならばと、私は彼らを変えようとすることを放棄し、深々と椅子に腰掛けて、ただ見守るようになった。今思うと、このときが私が本当の意味での支援を行う可能性を持った瞬間だ。自分の考えや「望ましいグループ行動」にとらわれるのをやめたのである。私は、謙虚なコンサルティングに不可欠な要素である、思いやりと好奇心を持つようになった。グループの人たちを好ましく思い、彼らが互いに話をさえぎったり好き勝手なことをしたりすると心を痛めるようにもなった。だが、なにより重要なのは、彼らがしようとしていることに共感を覚え始めたことだ。私は、行動を改めてもらうにはどうすればいいかを考える代わりに、彼らの話に耳を傾けるようになったのである。この点についてはのちほど触れる。傾聴の仕方に関するアドバイスはさまざまあるが、そのいずれにおいても、どんなことに耳を傾けるべきかについては選択肢が十分に区別されていないと思うからである。このケースで私が耳を傾けることにしたのは、「彼らが何が何でも取り組みたいと思っていることは何か」という点だった。

すると、いくつかのことが明らかになった。彼らの会社は、多少の成功を収めただけのごく若い会社であり、成長し続けるためには次にどんな製品を設計・販売すればいいかを今は必死で考えていた。彼らは世界に先駆けて「対話型計算システム」――のちにデスクトップ・パーソナル・コンピューティングを当たり前のものにする、全く新しい概念――をつくった企業のひとつだったが、その時点では前進するための答えを誰も持っていなかったのである。彼らは未来を生み出そうとしており、製品決定の一つひとつに社運がかかっていると言っても過言ではなかった。だから彼らは神経を張りつめ、感情的になり、次に何をどのようにすべきかについての自分の答えをおいそれとは譲ろうとしなかった。彼らは、ずば抜けて優秀で情熱的であればこそ、雇われたのである。

私は、提案され、議論されているさまざまな案に自分があまりついていけていないことにも気がついた。そこである日、もっとよく理解したいという、およそ好奇心のみに突き動かされて、フリップチャートのほうへ歩いていった。すると次のような展開になった。

ジャック▼ぼくとしては、こういう製品ラインナップを展開して……。

ピート（割り込んで）▼ジャック、そうじゃない、われわれがするべきなのは……。

私はマーカーを手に、フリップチャートのそばに立っている。ジャックをまっすぐに見て、ピートの話をさえぎって言う。

シャイン▼ジャック、あなたの考えを書いてみたが、私には全部は理解できなかった。どういう提案なんだろう。

ジャック▼ぼくが言おうとしていたのは……。

ジャックが考えを最初から最後まで話すあいだ、ピートとほかの全メンバーが耳を傾け、私は彼の考えを書きとめる。

ピート▼きみの考えはわかった。ぼくの考えはこうだ……。

私はふたたび書きとめていき、ピートの主張をすべて書くまで全員が耳を傾ける。ほかのメンバーも順次考えを話していくが、要点を私が書きとめるのに、みな付き合ってくれる。その規律あるプロセスを繰り返しながらミーティングは続き、一人ひとりの主張のポイントがフリップチャートに並ぶ。この段階で、メンバーたちはどの考えに賛同できるかを話したり、批判したり、酷評したりするが、フリップチャートによって議論はコンセンサスへと導かれていく。

ミーティングが終わると、何人ものメンバーが私のところへ来て、こう言ってくれた。「エド、今日は素晴らしかった。本当に助かったよ」

学び

● 以上の経験によって、私のコンサルタントとしてのキャリアのなかでおそらく最も重要な学びがもたらされた。自分がよいと思うモデルを手放し、クライアント・グループが取り組もうとしていることに耳を傾け、次いで、**クライアントが**したいと思うことをたしかにできるよう支援すると、どれほど素晴らしい成果を得られるかが示された経験だったからである。そのレベルへ行き着くためには、私にはぜひともしなければならないことがあった。「よいグループ」についての自分の科学的な考え方を捨てること。目の前のグループはそうした概念とは別物で、そのグループとしての行動計画を持っているのだと自分に言い聞かせること。その行動計画に努めて関心と好奇心を持つこと。さらに、自分の役目はその行動計画を理解して彼らが実現できるよう支援することだと気づくことである。その気づきは逆説的だった。なにしろ、**私自身の無知を利用し**、好奇心を持つと、過去の研究によって「よいグループ」とされるものを押しつけたときより、私はよい科学者になっていたのだから。

● 二つめの大きな学びは、**彼らの**プロセスに私がちょっとした変化を起こしたことによって、ミーティングの中身を管理する彼らの力に大きな影響をもたらせたことだ。このミーティングこそ、プロセス・コンサルテーションの概念を編み出した場だと思っていたが（シャイン、一九六九年）、今よく考えてみると、それは明らかに謙虚なコンサルティングの事例であった。私は、彼らの必要性に対して謙虚になり、好奇心の導くままに行動し、なんとかして彼らの力になりたいと思い、そして無意識のうちに効果的なアダプティブ・ムーヴを見つけたのだった。

●私の支援は特別な専門知識がなければできないものではなかった。私はむしろ変化のきっかけとなり、フリップチャートを用いて、彼らが自分たちでできることを文字にして示していたのだった。付け加えて言えば、これは一九六〇年代後半のことであり、折しもグループ・ファシリテーションをしたりフリップチャートを使用したりすることが少しずつ、黒板を使ったりメモをとったりすることの代わりになり始めた頃だった。ＤＥＣのグループではその後のミーティングですぐにこのやり方を採用し、メンバーの一人がフリップチャートに書いて、議論の進行を追い、いずれのミーティングでも素晴らしい成果を上げることができた。私は、ファシリテーションが掲げる支援目標のなかでもとくに重要な、「学び方を学ぶ」という目標をなし遂げたのだった。

ＤＥＣを蚊帳の外に置いて進められたＭＡＣプロジェクト

ＤＥＣに関するこの項では、最後に二つの失敗について話したいと思う。マネジメント・アナリシス・コーポレーション（ＭＡＣ）がＤＥＣを支援できなかったこと、そして私がＭＡＣを支援できなかったことについてである。

一九六〇年代末の、ＤＥＣが急成長していた頃、ケン・オルセンは外部のコンサルティング会社に「ちょっと見てもらう」べきだという判断をした。戦略上の課題がいくつもあったため、経営コンサルタントに加わってもらって、状況を診断し、場合によってはなんらかの提案をしてもらうのが賢明だと、ケンと運営委員会は考えたのだった。

ＭＡＣは高い評価を得ているケンブリッジのコンサルティング会社で、常勤のコンサルタントたちは、ハーバード・ビジネススクールの教授でＭＡＣの共同経営者でもあるコンサルタントたちと連携して仕事をしていた。ＤＥＣのプロジェクトは、ヴァンシル教授によって調整が図られ、ＤＥＣの組織を診断することになった。ケンは私に、ＭＡＣの力になってほしい、必要とされるどのような調整もうまく進むようにしてほしいと依頼した。

それから数カ月以上にわたって、ＭＡＣは最高幹部へのインタビューとデータ分析を行って、完璧な仕事をした。私は、ＭＡＣのプロジェクトチームとの調整役《リエゾン》として、彼らがインタビューの結果を分析して診断を下し、提案書をつくる場に同席した。戦略コンサルタントであるＭＡＣは、目についたあらゆる問題を解決するよう助言しなければならないと考えていた。そして、ＤＥＣにとって重要な解決策は、強力なマーケティング部長を任命して権限を持たせることであるという結論を導き出した。

私は、ＤＥＣの文化について私が理解したところから考えると、どんな提案をしてもうまくいかないかもしれないことを、それとなく伝えようとした。そして次のようにするよう勧めた。ＭＡＣは、問題を明らかにすることと、問題を放っておいた場合の損失とに集中し、どのようにして解決するかについてはＤＥＣがみずから取り組み、自分たち自身で解決策を見つけてもらったほうがいい。ＤＥＣのマネジャーたちは学者肌で、誰かに指図されるのを嫌っている。ただ、ずっと見てきてわかったのだが、彼らはデータが示すものは受け容れる。マーケティングの管理を一本化しなかったらどんな悪い結果が待っているか、その点を伝えたほうがいい。彼らの思考を刺激すべきなのだ、と。

さらに次の点も指摘した。ＤＥＣはさまざまな人にマーケティングの重要な役割を担わせてみたが、いつも軽視する結果に終わってしまっている。なぜなら、「マーケティング担当は問題を解決しているのではなく嘘をついているだけだ」というケンの言葉に象徴されるとおり、正直なところを言えば、彼らはマーケティングの担当者を信じていないからだ、と。

ところがＭＡＣは、コンサルティング会社の文化によって、あくまで構造について提案することを主張した。そうでなければ「われわれはするべき仕事をしていない」というのだ。この件についてヴァンシル教授と私は延々と議論した。しかし教授は、マーケティング部長を置くようにという提案は理に適っているし、データによるたしかな裏付けもあるため、まず提案をして、それから五〇枚ほどのOHPシート（プロジェクターに投写するための透明フィルム）を使って証拠を示すのが適切であるという主張を頑として譲らなかった。

MACの人たちは、プレゼンを申し分のないものにしなければと念入りに磨きをかけ、その提案に至った理由が明白になるよう練習を重ねた。ヴァンシル教授は、私にはコンサルティングのやり方がわかっていないと断言し、そのため私の提案をはねつけ、「われわれの仕事を見て学びなさい」と私を促した。ケンからは、調整役になってDECを支援してほしいと言われたが、MACが私の助けを必要だとも欲しいとも思っていないのは明らかだった。相手が支援など要らないと思っているなら、その人が支援を受けるために私たちにできることなど、およそない。そのことを、私は学んだ。

準備ができたとMACから連絡を受けると、運営委員会は定例ミーティングの初めに二時間を彼らに与えた。ヴァンシル教授とMACのメンバーの一人がオーバーヘッド・プロジェクターをセットし、それから、昔ながらの経営コンサルタントらしく、マーケティング部長を任命すべきであるという重要な提案を前提にプレゼンを進めていく。ケン・オルセンはしばし礼儀正しく耳を傾けていたが、驚いたことに、OHPシートがまだ一、二枚しか替えられないうちに、ご苦労様と言って退出させてしまった。突然のことで唖然としたが、私自身がDECに助言しようとしたときのことを思い返せば、それは不思議でも何でもなかった。

後日、詳細な分厚い報告書が提出されると、マネジャーたちはMACが調べたことの多くについてそのとおりだと認めたが、例の重要な提案に関しては全く同意せず、あらゆるデータの力が注目されずに終わった。数週間後、ケン・オルセンはヴァンシル教授宛てに長い覚書を書いて、MACとの契約を打ち切った。覚書は、基本的にはMACの骨折りに対して礼を述べるものだったが、MACが挙げたことの大半を、DECのマネジャーたちがすでに知っていたことも指摘されていた。

学び

●今にして思えば、MACはDECの「問題」を技術で解決できる構造上の単純な課題だとし、そのために、答えは明らかだと言わんばかりにシンプルな解決策を提示したのだった。彼らは気づいていなかった――マネジャーに権限を持たせ、自由裁量権を与えるのがDECの文化だが、同時に、創業者が絶対的な支配力を放棄したがらないために、一人のマーケティング部長に権限を持たせるのが不可能になっていることに。DECは実際にただ一人のマーケティング部長を置いてみたことがあり、しかしその職に就いた人は、プロダクト・マネジャーたちとケンに邪魔されてしまったのである。DECの文化の基盤は入り組んでおり、決断を必要とするあらゆる重大な問題が普遍的に複雑で厄介だった。その点がなぜか、レベル1のインタビューの段階で、完全に見落とされてしまっていた。

●私はケンとレベル２の関係を築いていた（だから、ごく自然に彼は私にＭＡＣとの調整役を依頼した）。しかし、クライアントであるケンと、ＭＡＣの主要なコンサルタントたちとのあいだに、レベル２の関係は皆無だった。ＭＡＣのコンサルタントたちは、プロジェクトを引き受け、専門家らしく「レベル１の優れたコンサルティングとはかくあるべきだ」という考えに基づいて仕事を進めた。そしてケンは私を、調整役として支援してくれる人だと彼らに紹介した。ただ、それは申し出であって、ＭＡＣからの要請に応えたものではなかった。ケンの申し出の意味することに、すなわち、ＤＥＣの文化もそこでの仕事のやり方も私が詳しく知っていることに、彼らは気づかなかったのだった。

●私は、ＤＥＣについて知っていることを話しますよと申し出ることによって、このプロジェクトの公式なチーフであるヴァンシル教授とレベル２の関係を築こうとした。ところが彼は、ＤＥＣの文化についての私の知識を無視したばかりか、コンサルティングのなんたるかを私はわかっていない、ＤＥＣは命令されるのが嫌いであるという私の考えは自分がこの重要な仕事を進めるうえで的外れである、と言葉にして述べ、さらに、ＭＡＣの仕事ぶりをよく見て勉強すべきだ、とそれとなく私に言ったのだ。ヴァンシル教授が私とレベル２の関係を築く気がないのは明らかだった。これによってよくわかったのは、人間関係というのは、両者の望むレベルが同じである場合にしか築けないということだった。

●この経験から、私は次のことも学んだ。外部の人間が指摘することの多くを、クライアントはすでに知っている。そして、すでに知っていると思うことを指摘されるのを嫌うクライアントもいれば、知っていることや今後しようと思うことを確認するためにコンサルタントを雇うクライアントもいる、ということを。そのため、意にそぐわない対応をされたら、ときとしてクライアントはコンサルタントを非難する。クライアントの現状を調べて、すでにわかっていることを告げるようなコンサルタントに対しては、いっそう気を悪くする。さらに言えば、クライアントが「知っている」ことに基づいて行動しないこと、あるいはコンサルタントの提案を受け容れないこと（またはその両方）は、知らないことが原因ではなく、既存の文化が受け容れるだろうものと提案される解決策とが相容れないことが原因で生じる。組織は、その組織の文化と調和することしか実行できない。それが、MACの診断と提案が完全に見落とした点である。

●「専門職に就き」、「支援者とクライアントとのあいだでほどほどの距離を保っていること」が由々しい事態を招く場合があることも知った。おかげで、上司が「部下はいつも自分に本当のことを言う、なぜならそれが『専門家としての彼らの義務』だからだ」と言うのを聞くと、私はさてどうだろうと首を傾げるようになった。また、外科医は「看護師や技術者は何か問題があったら必ず教えてくれる」と断言したが、その同じ看護師に尋ねると「まさか！」と返事されたこともある。

●今回のケースでは損害は最小限で済んだし、仕事にせよ支援にせよ、レベル2の信頼や率直さが不必要な状況があるのはたしかだろう。それでも、少なくともプレゼンに耳を傾けようという気になるくらいのレベル2の話し合いが、ヴァンシル教授とケンのあいだで行われていたらよかったのにと思う。また、残念ながら、教授と私がそれ以上、意思の疎通を図ることはおよそなかった。そのため、解任されたことに対してＭＡＣがどのように反応したのか私には全くわからずに終わった。

ＣＡＳＥ４
新たなＩＴ技術を銀行業務に取り入れる

この事例では、状況が複雑かつ厄介で刻々と変化する場合、問題の根本を明確に見きわめ、解決に至るのがいかに難しいかを教えられた。その銀行に私を呼んだのはカルロスだ。ＭＩＴ

のスローン・フェローであり、一緒に論文に取り組んだこともあったため、彼のことを私はとてもよく知っていた。そのカルロスが、アメリカ屈指の大銀行で国際事業部のシニア・バイス・プレジデントに就任したとき、定期的にニューヨークへ来てくれないかと私に依頼してきた。「ミーティングに出席して、私をよく観察し、もっとうまく運営する方法について意見と助言を与えて、私がよりよいマネジャーになれるよう力を貸してほしい」というのだった。

こうして、私が一人のエグゼクティブと、実のところはその直属の部下たちをコーチングすることから、私たちの関係は始まった。私は週に一度、銀行を訪れ、ミーティングに臨んで、彼と彼のチームがいっそう成果をあげられるよう、できるかぎりの支援をした。チームが直面していた問題は、参加や意思決定や行動計画の管理といったよくあるものだ。私は、ミーティング中にときおり意見を述べ、終了後はカルロスのやり方について当人と検討した。DECのケン・オルセンは私を放任したが、それに比べてカルロスははるかに依存度が高く、彼やチームの様子についてしばしば問いかけることによって、私が彼のスキルを伸ばし、チームがもっと成果をあげられるようにしてくれると当てにしていた。

カルロスは主要なクライアントだったが、支援するためには、チームメンバーの行員たちとも知り合いになる必要があった。彼らを個人的に、またチームとしてよく知ろうと思うときには、私はいつもレベル2の関係をめざして行動した。カルロスには特定のメンバーについて意見を求められることもあった——私は個人を評価する専門家ではないので訊かれても困る、と先刻釘を刺しておいたのだが。それでもどうしてもと言われた場合には、コーチング・セッションに切り換えて、カルロス自身の判断を話すよう求めたり、メンバーに対する彼の評価が明確になるのを助けたりした。

新しい情報システム

カルロスは新しい情報システムを取り入れることにした。それまでずっと、彼の部署にいる一五人のメンバーはあらゆる国外取引のために紙のファイルを使っていたのだ。メンバーはそれぞれが、世界中の五～一〇の銀行や金融機関を担当しており、一機関につき一冊の個別フォルダー（マニラフォルダー）を使用していた。そして、送金のリクエストが入ると、フォルダーを引っぱり出し、書類をめくって、デスクトップ・コンピュータ上で取引を実行したのである。

導入される新たなITシステムは大規模な計画の一部であり、およそすべての紙のファイルの代わりとなって、銀行の運用管理機能を最新にするものだった。このシステムが導入されれば、メンバーたちは複数の文書を画面上で一度に見られるようになり、ひっきりなしにファイルを引っぱり出すことなく、いくつもの案件に同時に取り組めるようになる。ただ、実際に使うにあたっては、紙のファイルにあるすべての情報を、新たなシステムに入力しなければならなかった。

そこで、メンバーをよく観察し、インタビューを行って、新システム導入に向けて訓練を受ける際に彼らが抵抗感を覚える原因となりそうなものを見きわめてほしい、とカルロスは私に依頼した。その頃にはすでに、私は大半のメンバーと知り合いになり、経営サイドのスパイではなく「支援者」であるとして信頼を得ていた。そして、計画された改革プロジェクトにいつの間にか巻き込まれ、たとえば次のような、不具合の起こりそうなところを直接見ることになった。数人のクライアントに同時に対応するためには、メンバーはまず各クライアントに関する情報をすべてシステムに入力し、さらに、いくつかの情報を同時に取り出す方法を習得しなければならなかった（情報が全部システムに入力されたら、個別フォルダーは処分されてしまう）。しかしながら、そうしたことをすべてできるようになるには時間がかかる。そのためメンバーたちは、新しいシステムの使い方を学びつつ日々の業務もいつもどおりにこなすなど、とうてい時間が足りないと感じていた。また、新システムへの適応力はメンバーによってまちまちだった。

公式に訓練を受けたのちでさえ、多くのメンバーがひそかに紙のファイルを使い続けているのを私は見た。彼らの主張によれば、コンピュータの画面より扱いやすいのだという。これは予想外の事態であり、カルロスはマネジャーとしてありがちな対処をした。紙のファイルを使うのをやめるようにと言って譲らず、しかしやめることを強制はしなかったのである。カルロスは「よきマネジャー」でありたいと思っており、その行動に機能不全が起きているのは見て取れた。しかし、私にはこのこともわかっていた。家父長主義的な文化のなかで育ったためにカルロスのそうしたスタイルがつくられたのであり、率直に異を唱えれば必ず彼の気分を害することになる、と。

学び

- 何かで読んだとおりの実例を、私は計画された改革プロジェクトのなかで目の当たりにした。改革に実際に関わる人たちに、その方法を考える段階から参加してもらわなかったら、彼らは改革の実行を難しいと思い、さまざまな形で抵抗を示すのである。
- 支援をいつ求めるべきかを、クライアントが的確に把握できていない場合があることもわかった。カルロスは、ITシステムを導入したのち
に私に支援を求めるのではなく、どんなことが起きる可能性があるかをまず私に尋ねてから、導入を決定すべきだったのだ。今や私たちは、コンピュータによる作業の習熟度が一人ひとり異なることと、さまざまな形で現れる抵抗に、対処しなければならなくなってしまった。そして、あとでわかったとおり、カルロスは指示を強制できるタイプのマネジャーではなかった。

スーパー・クラークの登場

その後、一部のメンバーはこの新たなシステムを素晴らしいと思い、慣れるにつれ、コンピュータを使ってはるかに多くの仕事をこなせるようになった。そのため、カルロスとIT部門は、「スーパー・クラーク（行員）」団をつくることにしたが、当然ながら多くの余剰メンバーが生まれることになる。そうしたメンバーを再訓練したいので方法を探すのを手伝ってほしい、と私はカルロスに頼まれた。解雇は行わないというのが同行の方針であり、それを直属の上司が強力に進めているのだという。ただ、スーパー・クラーク団をつくるアイデアを実行に移すには、まず余剰メンバーの問題を解決する必要がある。そうしたメンバーの再訓練や再就職の斡旋にさまざまな努力がなされたが、実質的には何の進展もないまま数カ月が過ぎた。スーパー・クラークと一般メンバーはともに仕事をし、その一方で余剰人員を減らす努力が続けられた。

学び

● カルロスにとってこれは初めての試練であり、私が気づかずにいた彼の側面が明らかになった。彼は銀行が解雇をしない方針であることを意識しておらず、また上司がその方針に全力で取り組んでいることを予想していなかった。さらには、そうした問題に関して上司に異を唱えるタイプのマネジャーではなく、そのためプロジェクトの進行を遅らせ、一方でメンバーを再訓練する方法を探そうとしたのだった。

● いつのまにか、私はさまざまな支援の役割を果たしていた。メンバーに対しては、よく観察し、質問を投げかけ、ときに提案をした。カルロスに対しては、コーチ兼教育係として、新システムの導入という決定がもたらした予期せぬ結果のいくつかを知ってもらった。ITプロジェクトについては、気がつくとその渦中に巻き込まれ、当事者として、またポーン（歩兵）として、新たな状況が生じるたびに、その状況にできるかぎりの対応をしていた。

新しい上司と驚くべきこと

プロジェクトが始まって二年目に、カルロスの上司が退職し、新しい上司がやってきた。この上司は、生産性を上げるために続けられているプロジェクトをざっと確認するとすぐに、きっぱりと言った。この銀行に解雇を行わないという方針はない。そのため、スーパー・クラーク団をつくり、再訓練を受けられる者は受け、そうでない者は解雇するという案を進めるべきだ、と。なんと、私たちが当然のように信じていた解雇を行わないという方針は、前任の上司の個人的な価値観にすぎなかったか、あるいは銀行が大きな方針転換をしたのにカルロスが気づかなかったか、のどちらかだったのだ。いずれにしても、それは予想も考えもしなかったことだった。

カルロスは私に、自分とタスク・フォース（特別作業班）がスーパー・クラークという新たな職種について案を完成させ、これからも働いてもらう人数を決め、不要になる人たちの解雇計画を立案する手助けをしてほしいと言った。私はDECでの経験から、状況はときとして思いがけず変化するものだと知っていたが、変化によって、クライアントの望みにこれほど直接的な影響が及ぼされてしまうような状況は、それまで経験したことがなかった。上司と、専門家である支援者たち（つまりITに長けた人たち）が望むことに、これほど熱心に取り組むマネジャーと仕事をしたこともなかった。もしこうしたことが起きるのを予測できていたら、私は声を上げて注意を促していただろう。しかしそれは、これといった前触れもなく起きた。そして、すぐさま次のアダプティブ・ムーヴを生み出すことを必要としていた。

スーパー・クラークという職について考える

新たに設けられる仕事には、それまでの事務的な仕事に比べ、スキルも給与もはるかに高い従業員が就くことになる。その点は対処できる見込みがあったが、彼らスーパー・クラークの出世の道《キャリア・パス》が将来どうなるかについては不透明だった。年配のメンバーの場合は、キャリアも終わりにさしかかっており、そこまで高くない今の給与についても昇進できないことについても気にしていない。彼らは現行の出世のシステムにおける自分の役割や地位にうまく適応していた。しかしスーパー・クラークになる人たちは昇進を望むにちがいないのに、彼らを昇進させる道をタスク・フォースは見つけることができなかった。スーパー・クラークは専門職であるにもかかわらず、銀行には専門職向けのキャリア・パスが存在しなかったのである。実をいえば、この銀行には人事部門によって強力に定められた、マネジャーとして出世するための厳格な昇格・昇進システムがあり、ずば抜けて高い貢献をした一般の従業員は特別な地位と手当を与えられる可能性があった。だが、高い技術を持つ中年の従業員に対して報いる仕組みとなると、何もなかったのだった。

キャリア・パスがないことにタスク・フォースが気づくと、あろうことか、スーパー・クラークを置くというアイデアそのものが断念されてしまった。さらに、以前から勤めているメンバーは解雇されることなく、しかもコンピュータと紙のファイルを併用することを認められたのである。およそ二年にわたって、新旧両方のシステムを使う状態が続いたが、残留メンバーがきわめて大勢だったために生産性がひどく落ちてしまった。しかしどうやら、銀行の最高幹部にとっては別に問題はなかったらしい。というのも彼らにとって、行員たちのキャリア・パスや給与や昇進システムを変えるのは、やりたくない作業だったからである。IT部門の人たちはこの結果に落胆したが、できることは何もなかった。カルロスは事実を受け容れ、そして人生は続いていった。

事例全体を通しての学び

● カルロスとの仕事では、わくわくしないときがなかった。彼は常に新しいことに取り組もうとしており、対処の必要な、初めて見る状況がいつも生み出されていたからである。その銀行では三年以上にわたってコンサルタントを務めたが、じかに経験して学んだのは、問題点を明らかにする方法や技術による解決策は、テクノロジーや政治、あるいは純粋に個人的な（カルロスの最初の上司が突然退職したときのような）、予期せぬ環境の変化の影響をきわめて受けやすいということだった。

● 最も重要な学びは、**未来を予測してはいけないこと**、原因として影響を及ぼしているかもしれない力について予想をしてはならないことだった。システムの全体が見えることは決してないため、それを予測するのも御法度である。もし従来の研究モデルに従っていたら、観測された現象（役立つかもしれないテクノロジーが採用されなかったこと）の説明として、解雇しないという規範があることがわかれば、それで十分だっただろう。もしカルロスの上司が退職しなかったら、解雇しないという方針が銀行の規範として一般的ではないことや、上司というのはテクノロジーの影響で生まれる余剰人員の扱いについて自由裁量の余地がかなりあるということを、私が知ることはなかっただろう。

●スーパー・クラークのような行員のためのキャリア・パスがこの銀行にはないと知って、カルロスも私も心底驚いた。レベルの低い行員は管理がしやすく、また彼らが銀行でどのような道を歩むのか、よく理解されていた。だが、テクノロジーの影響を受けて生まれるスーパー・クラークはまず間違いなく、学歴が高く、高額の給与を望み、上から言われたからではなく自発的にテクノロジーを使う人間であるにちがいなかった。

●つまり、新しいテクノロジーの導入を本当にさまたげているのは、もっと根の深い、何か文化的な問題——社会技術システム全体に関連する問題、すなわち、あまり階層的でないシステムを思い描いたり採用したりできないこと——だった。そのようなシステムであれば、高い給与が支払われるＩＴに精通した人に対し、上司がコンサルタントのような役割をもっと果たすだろう。そしてＩＴに長けた人たちは、まるで飛行機のパイロットのように、なんらかの形のやはり新しい役割を担って、退職するその日まで仕事をしていくのだ。有り体にいえば、解雇を行わないという規範がもっともらしい説明となって、この銀行における仕事の性質や階層制についての深い文化的な前提が見直されないままになっていたのかもしれなかった。

●重大な問題は起きなかったが、価値ある変化が生まれることもなかった。私は支援者として、カルロスに、そして私に襲いかかったさまざまな出来事にカルロスが対処するのを支援しただけでよしとするほかなかった。私は、解決策と対比して、アダプティブ・ムーヴの意味を学んだのだった。

まとめと結論

この章では、どのような社会であれグループであれ、人間関係というのはネガティブで敵対的、かつ不当な扱いをするものから、きわめて親密なものまで、さまざまなレベルになる可能性があるという社会学的な現実について考察した。レベルごとに、状況に応じたさまざまなルールがあり、それが、適切な距離や、もっと個人的になる、あるいはならないことの意味や、公の、あるいはプライベートな関係として適切なのはどのようなものか、といったことを左右する。また、知らない人との通常の関係、つまり私がレベル1と呼ぶ関係には取引や仕事上の関係も含まれており、ほどほどの距離を保つという文化的ルールに左右される。

誰かと個人的に知り合い、より深いレベルでその人と仕事ができるようになったら、本当の支援を行うのに不可欠な、レベル2の関係になったということである。レベル2の信頼とは、約束をして、それを守るにやぶさかではないことを意味する。レベル2の率直さとはつまり、共同で取り組む仕事について、関連情報を共有し、互いに嘘をつかないことである。

読者への提案

信頼と率直さに対してほかの人が、あるいは自分がどう考えているかを理解するために、友人や仕事仲間と過ごす時間を見つけて、次の質問をしてみよう。「誰かに支援やサービスを頼むとき、その人を信頼できるかどうか、その人が本当のことを言っているかどうかを、どんな方法で判断するか」。自分の場合はどのように判断するかも、具体的に考えてみよう。

次に、そうしたことを知る方法について、つまり、どんな種類の会話ができれば相手を信頼できると思えるようになるかについて、自問してみよう。

こうしたことを話すうちに、レベル1の堅苦しさとレベル2のパーソナライゼーションの違いが、やがてわかってくるのではないだろうか。

4 謙虚なコンサルティングは最初の会話から始まる

Humble Consulting Begins with the First Conversation

人間関係を築くプロセスは、支援者がクライアントと初めて言葉を交わす瞬間から始まる。この最初の対応の重要性は、あらゆる形の支援やコーチング、専門家によるカウンセリングにおいて理解されるべきものだ。医師や弁護士の場合も、まさに最初の会話で何を述べるかによって、関係がレベル1にとどまるか、それともパーソナライゼーションによってレベル2へ向かい始めるかが決まる。マネジャーが新入社員に会うときも、チームリーダーが新しいメンバーに会うときも、例外ではない。

最初の対応として謙虚なコンサルタントが採りうる選択肢には、さまざまなものがある。この章では、そうした選択肢を探究し、レベル2の関係を築き始めるために何ができるかに焦点を当てる。私の経験では、支援がうまく進まない原因の大半は、まさに最初の段階で、するべきことをしなかったか、すべきでないことをしたか、である。言うまでもなく、これがCASE2（86頁）の、エンジニアリング部のエンジニアに対するインタビューでの問題点だった。私は、どのように始めるべきかをみじんも考えることなく、さっさとインタビューを始めてしまったのだ。これから紹介する事例にあるとおり、初めに適切な対応ができれば、関係を築き始めることはもちろん、どういうわけか、すばやく支援を行うこともできる。CASE1（24頁）で紹介した、文化の変革プロセスを始めたときがそうだったように。

謙虚なコンサルティングでは、「事前調査」も「契約」も、「状況確認」や「診断」も行わない。なぜなら、最初に対応したときから会話が始まり、それが関係を築くものになっているなら、深く関わるべきかどうかや、どのように深めるべきかを判断するのに必要なデータはおのずと生み出されるからである。そのため、率直で信頼し合える関係を、初めて言葉を交わす瞬間から築き始めることに、全力を注ぐ必要がある。

謙虚なコンサルティングの姿勢
——支援者が相手にもたらさなければならないもの

人間関係を築くことは、姿勢をととのえることから始まる。これはつまり、適切な考え方を持つという、意識的なプロセスである。電話が鳴り、潜在クライアントをそのプロセスに引き込もうとするときには、さまざまな点で準備をする必要があるのだ。私は「謙虚なコンサルティングの姿勢」と呼んでいるが、これを三つのCという観点から考えてみよう。三つのCとはすなわち、力になりたいという積極的な気持ち（commitment）、クライアントに対する思いやり（caring）、そして好奇心（curiosity）である。

積極的な気持ち――力になりたいという気持ちをととのえる

潜在クライアントからの電話に出たりランチの約束をしたりするのは、力になりたいという気持ちがととのってからにすること。単に様子を知るためだけに行動しようものなら、関心を持っていないことが、声の調子や話のテンポに、実際に口にする言葉に、じかに会う場合なら仕草に現れてしまうだろう。（専門的職業にありがちな）レベル1のほどほどの距離は、関係を築くのを実際にさまたげてしまう。仕事になるかどうかは気にせず、力になりたいという気持ちが導くままに行動して、クライアントの問題を解決できそうかどうか判断しよう。解決は無理でも、すぐに手を差しのべてもらえたとクライアントに実感させるような、なんらかの言葉をかけたり行動したりすることは、少なくともできるのだ。

好奇心――「この人はどんな人なのか」「どのような問題が起きているのか」を知りたいと思う必要がある

心の準備はできたが、何が起きているのか見当もつかないと思う場合は、好奇心を全開にしよう。すると、相手と接する最初の瞬間から、積極的かつ熱心に相手の話に耳を傾けられるようになるからである。どんな問題が起きているのかぜひ知りたいと思えない場合は、電話に出ず、会う約束もしないこと。時間に追われていたり何かほかのことで頭がいっぱいになっているときは、連絡を取らないこと。もし、何が起きているのかや、ほかの人たちがどんなことを経験し何について心配しているのかに好奇心を持てないなら、支援を行うビジネスから手を引くこと。

思いやり――できるだけ早く個人的な話を始める

未来のクライアントと、その人が話すことに、集中しよう。先入観をできるだけ取り払おう。未来の状況に、自分自身の予想――似た状況を過去に経験したことで持つようになった予想――を投影しないのは、とても難しい。間違いなく役に立てると思うものごとにあえて耳を傾けないのも、同じくらい難しい。金槌になって、打つべき釘をひたすら探そうとしないこと（自分の考えに固執して、問題の捉え方を誤らないようにすること）。そうではなく、未来のクライアントが伝えようとしていることに、全力で耳を傾けよう。この点について言えば、会社を調べない、つまり潜在クライアントから送られてきたかもしれないあらゆる資料を見ないほうがいい。見たくてたまらないかもしれないが、クライアントが今この瞬間に、個人的に話していることに集中しよう。

医者は次の選択肢を持っているが、同じ選択肢を弁護士とマネジャーも持っている。病床の患者に会うとき、医者は、この患者の疾患は自分の専門分野のものだろうかと考えることもできる。患者本人に好奇心を持って、「どちらのご出身ですか」と尋ねることもできるし、あるいは患者の状況に好奇心を持って、「どこが痛みますか」とまず訊くこともできるのである。

聴き方

相手が最初に話すことをどの
ように聴くか
によって、重要な選択肢がいくつかもたらされる。基本的には三つあり、いずれも真摯で関心を持った聴き方だと見なされるが、関係の構築に及ぼす影響はそれぞれ異なっている。

自己中心的に聴く

自分の知識や経験やスキルを活かすことによって、私は今話されていることに対し、どのように関わり、支援することができるだろう。このクライアントの話は、私の意欲や価値観や必要性とどんなつながりがあるだろう。この件に関わるのは利益になるだろうか。この問題に割く時間があるだろうか。

私たちはつい、こんなふうに聴き始め、その聴き方を続けてしまう。自分に関連のあることと、潜在クライアントが今話していることの両方を自分は聴くことができると私たちは思いがちだが、私の経験では、潜在クライアントの話が自分の生活空間とどう噛み合うかをあれこれ考えているかぎり、私たちは好奇心を十分に注いでおらず、クライアントが本当に言いたいことにまず間違いなく耳を傾けてはいない。エレン・ランガーの「今ほかにどんなことが起きているのか」という問いにはっきり表されているとおり、私たちは経験のいくつもの側面をいつでも加工できてしまうのだ（ランガー、一九九七年）。重要なのは、自分が最初に何に注意を引かれたかだ——かかってきた電話の自分にとっての意味に好奇心を持ったのか、それとも、電話をかけてきた相手の人となりや状況に好奇心をかき立てられるのか。それが、二番目と三番目の選択肢の違いである。

内容に共感しながら聴く

二番目の選択肢は、クライアントがどんな問題や課題、あるいは状況を伝えようとしているのか、クライアントが伝えたいと思っていることのなかでよく考えるべき問題の要素は何か、という点にフォーカスした聴き方である。これは、内容に誘惑されることと同じではない。それは、自分がもしその状況に置かれたらどうするかということにすぐ想像の翼を広げてしまい、集中力がその想像へ向かってしまうものにすぎない。

最大の注意とエネルギーと好奇心を向け続けるべき先は、クライアントの伝え方がどうあれ、クライアントの状況に示される細かな部分やちょっとした差異を理解しようとすることである。クライアントの声の調子やさまざまなサインは無視して、クライアントが伝えようとしている状況に集中しよう。たとえばクライアントが「従業員エンゲージメントの低いことが本当に心配だ」と言ったとしよう。内容にフォーカスすると決めたなら、「本当に心配だ」という言葉は捨て置き、「従業員エンゲージメント」に注意を払うこと。しかしながら、別の選択肢もある。クライアント自身に共感して聴く、という選択肢である。

人に共感しながら聴く

三番目の選択肢は、コンサルタントに話している状況について、クライアントが実際にどのように経験し、感じているのかに焦点を当てた聴き方である。この場合、最大の注意と好奇心を向ける先は、クライアントの声などちょっとしたところににじむ緊迫感になり、そうしたサインをしっかり捉えると、クライアントが状況の詳細を述べながら感じているだろう思いを読み取ることができる――不安や怒り、焦り、状況を話すことによる安堵感を。あるいは、状況を他人に話さざるを得ないことに対する懸念や苛立ちを。あるいは、果たしてよい結果がもたらされるのだろうかという疑念を。話を聴きながらそうしたサインに最大限に注意を払い、状況ではなくクライアント自身に最大の好奇心を寄せるかどうかは、コンサルタントの選択しだいである。

最初にどう対応するかは、どのように聴くかによって決まる。そのため、方向性を決め、実際に聴いたことに対して素早く対応できるようにしておく必要がある。関係を築こうと思う場合は、話された内容について個人的なことに踏み込む《パーソナライズする》のか、それとも話している人について個人的なことに踏み込む《パーソナライズする》のか、どちらを選択するのかがとくに重要である。どちらでもおそらく役に立つが、そのときになればおのずと明らかになる。

対応の仕方を選ぶ

コンサルタントの最初の言葉や行動は、クライアントに対する尊敬を申し分なく示すと同時に、必要な情報をコンサルタントにもたらす必要がある。つまり、最初の対応には複数の目的がある——クライアントが気楽に支援を求められるようにする。何が起きているかについて、より多くの情報を得る。できるかぎりクライアントに寄り添い、共感的に接して、ほんの少し最初に言葉を交わしただけで「ここに来てよかった」と思ってもらう、という目的である。私自身が目を見はってきたこととして、まさに最初の段階で、謙虚に問いかけたり、なにげなく言ってみたり、個人的なことを話したり、あるいは単に何も言わずに注意を払ったりしたことが、結果的に、クライアントの課題に対する本当の支援になっていることがたびたびある。理由は、控えめに言っても、クライアントが自分の声を聴く機会、すなわち、コンサルタントが何かを言うことで、異なる観点に注目したり、そうした観点を生み出したり、あるいは新たな観点から事態を捉え直したりする機会がもたらされることにあるだろう。

自分を偽らない――謙虚な問いかけか反応か

未来のクライアントに状況を理解してもらおうとするだけの、レベル1にすぎない問いかけと、打ち解けた関係になって《パーソナライズして》レベル2の関係への扉をひらこうとする謙虚なコンサルティングのアプローチとでは、大きな違いがある。この違いを生むのは、その場に適した率直さと誠実さを持ち、自分を偽らないことだ。

ここで重要な選択をすることになる――謙虚な問いかけに分類される質問をしたり自分のことを何か話したりするか、それとも、今自分のなかで起きている反応に従うか、である。私は以前の著作で、最初のステップとして常にすべきことは謙虚に問いかけることだと述べたが、今では文字どおり常にまず問うのではなく、むしろ関心を持って問いかける姿勢に徹することだと考えている。どういうわけか、そうした姿勢はときとして、自分の何か個人的なことを話すか、あるいは、私がCASE1（24頁）でしたように、正直な反応に従って行動し、しっかり聴いていることをクライアントに実感してもらうと、最もよく伝わる。ただ一つの鉄則は、全力で相手の役に立とうとし続けることである。

質問の種類――何をどのように尋ねるか

質問すること自体は、ごく自然なことだと言えるだろう。ただ、最初にする質問の種類や尋ねるときの声の調子に、どれほど多くの選択肢があるかを念頭に置いておくことが重要だ。謙虚な問いかけを使って基本的に「もう少し詳しく話してほしい」とリクエストして対応するのか、それとももっと的を絞った質問をして対話に影響をもたらすのか、それはもちろん、クライアントが自身のことや状況をどのように話すかによって決まる。その際に役立つことがある。さまざまな種類の質問を、その意図や影響によって分類するのである。

私はコンサルタントとして仕事を始めて間もない頃から多様な質問を整理・分類し、ある反応をしてしまう前に選択肢を思い返すことが有用だと気がついた（シャイン、一九九九年、二〇〇九年、二〇一三年）。この分類で私が軸にしている原則は、支援者はまず、クライアントが気持ちが楽になったと思えるようにして、基本的な情報を最初から得る必要がある、ということだ。そのため、謙虚な問いかけから始めるのがいちばんいい。すなわち、支援者が答えを知らず、クライアントが自由に答えることのできる質問、である。

クライアントが詳しく話すにつれ、必ずアイデアや仮説や核心を突く考えが浮かんでくる。そしてクライアント、あるいは提示されている状況に関して見えてきた課題について、今わかることに目を向けなければと思うようになる。すると手探りながら、未来のクライアントにフォーカスした質問をしたいと思うようになり、やがて、クライアントのペースで話し続けてもらうのではなく、自分がもっと知りたいと思うことへ、自分の好奇心を満たす内容へ、クライアントを引き込んでいく。このときにするのが、「診断的な問いかけ」である。

診断的な問いかけ

診断的な問いかけに分類される質問は、「え?」「もう一度お願いできますか」「今のはちょっとわかりにくかったのですが」といった言葉から、「なぜそんなことになったのですか」「それであなたはどうしましたか」「どのように感じましたか」などの的を絞った問いまで、実に幅広い。ただ、クライアントの話に影響を及ぼすという点は共通している。診断的な問いかけは、クライアントに話の方向を転換させ、クライアントが自分のことについて話をするそのプロセスを変えるのである。

これを私が「診断的な質問」と呼ぶのは、コンサルタントとクライアントの双方が、状況やクライアントについて、それまでよりほんの少しよく理解できるようになることを目的にしているからである。このクライアントにはぜひ話したいと思っていることがまだたくさんありそうだと思ったら、私は迷わず話してもらう。しかし、詳細を知る必要性が私にあるか、あるいはクライアントのほうに話を中断して反応を得る必要性があって、少し間《ま》が生まれているときには、私は診断的な質問をする。自分がその場をある程度主導していることを私は重々承知しており、単に注意深く耳を傾けていた姿勢を、個人的に関心を持つ人間として話に参加する姿勢へ変える。つまり、一方がもう一方に話すだけの状態から、対話へ、その場を変えるのである。

謙虚な問いかけをしているあいだは、コンサルタントは会話において見知らぬただの人であり、せいぜい関心を持って耳を傾ける人という程度の存在にすぎない。診断的な質問をするとそこでようやく、一定の考えを持つ人間になり、結果としてある方向へ向かって関係を築き始めることになる。そうした診断的な質問は、次の三つのタイプに分類することができる。

- **概念に関する質問**▼基本的に「なぜ」と問う。この問いによって、クライアントは、コンサルタントに話した内容のさまざまな面について考察・検討し、原因について考えをめぐらせるようになる。
- **感情に関する質問**▼クライアントが話した出来事に関して、「それについてどのように感じたか」を基本に、質問をする。
- **行動に関する質問**▼クライアントの話にあったいくつかの分岐点について、「どんな行動をとったか」を基本に、質問をする。

この三つのタイプの質問は、「時間的な区切り」ともつながっている。つまり、「どんなことをしましたか」「どんなことができますか」「どんなことをするつもりですか」と尋ねることも可能である。あるいは、「どんなことを思いましたか」「今はどう思っていますか」「今後はどのように考えるようになりそうですか」と尋ねてもいい。

循環的な質問、およびプロセスにフォーカスすること

質問する目的が、クライアントが複雑な組織における自分と他とのつながりを見て、今話している件について実際に起きているかもしれないことをもっと深く考えられるように手助けすることなら、三つのタイプのそれぞれを、ファミリーセラピスト（家族療法士）が循環的な質問と呼ぶ形で質問するといい。循環的な質問をすると、組織のほかの人たちがどのように考え、感じ、行動していると思われるかを、クライアントにじっくり考えてもらうことになる。

私の経験では、このタイプの質問をする機会が最も多いのは、組織に来て部下にインタビューをしてほしい等、あまり気の進まないことを頼まれるときである。そんなときは、よく次のように尋ねる。「私がインタビューをしに行ったとして、あなたの部下たちはどんな反応をすると思いますか」。この質問をすると、自分の依頼によってどんな結果を招く可能性があるかをよく考えるようクライアントに求めることになる。また、私自身にとっては、コンサルタントが行うあらゆることが結果に関して介入になることを、未来のクライアントがどれくらい理解できているのかを推し量ることになる。未来のクライアントがどんな言葉を口にするかによって、コンサルタントはじっくり検討できるようになる――自分が組織に行くことをクライアントがどのように部下たちに知らせるつもりなのか、コンサルタントを呼ぶ目的をどう説明するつもりなのか、集まった情報をどうするつもりなのか、そして、長期的にはどんなことをしようと考えているのかを。また、こうした質問をすると、会話はプロセスの問題、すなわ

ちものごとの進め方に的が絞られていくが、私の経験では、それこそが実はクライアントが最も支援を必要としているところである場合が少なくない（第6章を参照）。

ＣＡＳＥ１（24頁）では、私がクライアントを訪ねるのではなくクライアントに私のところへ来てくれるよう早々に提案し、よい結果が出たことを紹介した。エンジニアリング部へのインタビューを取り上げたＣＡＳＥ２（86頁）では、それがエンジニアリング部にどのような影響をもたらすかを全く考えることなく、同僚と私はただ訪ねてインタビューを実施し、散々な結果に終わった。

診断的な質問は、会話が進む方向を変え、今話している事案にまつわる他の要素について考えるようクライアントを促すが、新たな内容を会話に加えることはない。なんらかの質問によって新たな内容が加わる場合、私はそれを「示唆的な質問」と位置づける。以前の著作では「対決的」としたが、それはクライアントに、それまで一度も考えたことがないかもしれない新しい情報に否応なく目を向けさせるからである。しかし謙虚なコンサルティングでは姿勢として「対決」に含まれるものを認めないため、その意味することから考えて、「示唆的」のほうが的確であるように思う。

示唆的な問いかけ

クライアントとの会話が始まると、コンサルタントはある時点で必ず、自分自身のアイデアや、感情や、行動についての提案が頭に浮かび、それらを口にすべきかどうか判断することになる。診断的な問いかけはクライアントの話の方向性に影響を及ぼすが、これに対し、示唆的な問いかけは新しい内容、すなわちクライアントがそれまで考えつかなかった内容を話にもたらすことになる。

この介入の最大の問題は、行うタイミングだ。考えもしなかったことについて検討するようクライアントに求めることになるからであり、支援者は、助言するタイミングが早すぎたら信頼を損ねてしまうという点について、最も慎重になるべきだからでもある。コンサルタントがやってはならない失敗は、提案されたアイデアを、クライアントがすでに考えたことがあり、しかしさまざまな理由のために論外だと判断したのに、なぜ今このコンサルタントはそんなろくでもないアイデアを提案するのかと首をかしげさせてしまうことだ。関係を築こうとしているときに、「それならもうやってみましたよ。でもうまくいかないんだ！」とクライアントに言われてしまうことほど自信を喪失させられるものはない。その言葉の意味するところは、「なぜこのアイデアの欠点が、このコンサルタントにはわからないんだ?」なのだ。

提案やアイデアは質問の形にして述べるとソフトに伝わるし、確信が持てないときは口調を穏やかにするといい。十中八九うまくいかないのは、いわゆるデータ収集を行ったのちに、コンサルタントが自分の考えだけで編み出した案を提示することだ――DECと行ったMACプロジェクトではっきり示されたように（CASE3、91頁）。それよりいいのは、レベル2の仕事関係がある程度できたと思えるまで、クライアントに信頼してもらえたと実感できるまで、示唆的な問いかけを用意して待つことである。

実務レベルでクライアントと信頼し合えるようになったと感じ、課題に関することでは互いに正直かつ率直に話ができそうだと実感できたら、次のような言葉も気兼ねなく口にできるようになる。「そのことを腹立たしいと思わなかったのですか」「なぜ、その状況に立ち向かわず、引き下がったのですか」「今後はその人と話ができそうですか」あるいは、CASE5（150頁）と6（162頁）で紹介するような、「このこと（クライアントの話によって明らかになったことやクライアントが提案したこととは別の何か）を検討してみたことがありますか」などの言葉である。

プロセス指向の問いかけ

プロセス指向の問いかけとしては、次の三つのうち少なくとも一つを行うことになる。問題に対する自分なりの分析を説明しようとするクライアントの話についてその焦点を変える、支援のプロセスでクライアントがコンサルタントにしてほしいと思っていることを変える、そして今この場でのクライアントとのやりとりに集中する、の三つである。この章で取り上げ、第6章で詳細を話す事例では、クライアントが問題について説明するその焦点と、私に支援してほしいと思う事柄の両方を私は変えた。今この場でクライアントとのあいだに生じている人間関係プロセスに重点を置いた問いかけは、それほど頻繁に行うものではないかもしれないが、今の会話のあり方に違和感を覚えるときはいつでも発することができる。

複雑で厄介な状況でアダプティブ・ムーヴを考え出そうとするときには、会話の方向を変え、もっと対話的なアプローチをする必要性が増すかもしれない（詳しくは第7章で話す）。そのような即決を要する質問の目的は、自分たちが関係構築のプロセスに身を置いていることを、双方が意識できるようにすることである。また、このプロセスはそれ自体が分析と再検討を免れない。クライアントと会話するときには、コンサルタントはいつでも次のように問うとよい。「今どんな具合ですか」「私はお役に立っていますか」「私が今すべきことやお尋ねすべきことがほかに何かありますか」「あなたと私の関係について、何も問題はありませんか」などである。

個人的なことを打ち明ける

謙虚なコンサルティングでは、どこまでも自分を偽らず誠実であることが、まず必要である。誠実であるふりをすることはできないし、自分の反応をひた隠しにするわけにもいかないのだ。ここで、謙虚な問いかけを使いたい気持ちと、クライアントの考えや思いについてできるだけ多くを知るために質問したい気持ちとのジレンマをもう一度考えてみよう。たとえば、クライアントが最初に述べることにあなたは強く反応したとする。その反応について言葉にして伝えるべきだろうか。ここでのポイントは、好奇心と共感（あるいはそのどちらか）から反応しているのか、それとも自分を物差しにして反応しているのかという点だ。自分の個人的な反応をいくらか言葉にして述べるのは相手ともっと深く関わりたいと求めることにちがいないが、もし自分が物差しになっているために、あるいはクライアントの本心を把握できたと実感する前に述べるなら、それはクライアントが本当に考えていることをふまえた選択ではないし、結果として、自分の考えによる選択である診断の道に陥る危険性がある。そのため私なら、反応を隠すことになんらかの意図がある場合を除き、細心の注意を払ってその反応を言葉にして伝えるだろう。

もう一つ必要なのは、伝えるのが適切であることと適切でないことについての文化的なルールを守って、いつも行動することだ。電話をかけてきた相手の声の種類にイライラしても、それを伝えるのはむろんよくない。しかし、相手の話し方がさげすむような調子であるなら、不愉快だということを、なんらかの方法で伝えるのが適切だろう。CASE1（24頁）で私が思わず口にした「それであなたはどうしました」という言葉は、形のうえでは質問だったが、役に立つ反応だと誰もが感じていた。なぜなら、そこには力になりたいという積極的な気持ちと、好奇心と、思いやりがあふれていたからだった。

具体的な事例

これから紹介する事例に示されるとおり、この上なく謙虚な最初の問いかけにクライアントが応えたとき、コンサルタントはすでに反応しており、否応なしに選ぶことになる。「詳しく聞かせてください」と言ってそのまま話を続けてもらうか、それとも、診断的な問いかけ、循環的な問いかけ、示唆的な問いかけ、プロセス指向の問いかけ、あるいは個人的な反応や話、のいずれかに切り換えるかの選択である。

CASE5 文化分析のテンプレートをつくるかどうかを見直す

これは、診断的な問いかけと示唆的な問いかけを早く行うことによって、クライアントから提案されたプロジェクトが一から見直された事例である。

潜在クライアント▼マルシア・ヒギンズと申します。X社コミュニケーション部の部長を務めています。弊社は石油産業に機器を提供する国際的な大手サプライヤーです。ドクター・シャイン、文化分析用のテンプレートをつくるのにお知恵を貸していただけないでしょうか。弊社は急成長しており、さまざまな国で多くの人を新規に雇用しているため、価値基準を失うのではないかと懸念しています。そこで世界各地にタスク・フォースを配置し、文化分析のテンプレー行って、失いたくない重要な価値観を明らかにする用意を整えました。この分析のテンプレートをつくるのに、お力添えいただけないでしょうか。

私は何か少し混乱したような感じを覚え、さらに悪いことには、この会社が考えていて、しかし私がこれまでの著作ではおよそ触れたことがないものが何なのかわからなかった。ただ、内容に興味と好奇心をかき立てられたので、情報をもっと得るために、謙虚な問いかけをしてみた。

シャイン▼もう少し詳しくお聞かせ願えますか。

ヒギンズ▼社員を新規採用したときには、文化を失わないために、弊社の基本的な価値観を教えることが大切だと、私たちは考えています。そうした価値観を明らかにするのをお手伝いいいただきたいのです。テンプレートとプロセスを示していただければ、タスク・フォースはそれを使って、重要な価値基準を見出し、新入社員に教えることができます。

文化の問題について耳を傾けるうちに、完全に理に適っているように思われ、たしかに協力できそうだという気がしてくる。私はテンプレート作成について計画を提案することはできると思った。しかし、まさにその点に関してどこかしら完全には適切でないように感じ、ふとこんな考えが浮かんだ。「もともといる社員が新入社員に会社の価値観を教えるなら、価値規準を明らかにするために、なぜ延々と続く診断プロセスが必要なのか」。そこで私はさらに質問をすることにした。実は仮説を確かめようとするものであり、ゆえに示唆的な問いかけである。

シャイン▼以前からの社員で、タスク・フォースのメンバーになっている人たちは、そうした価値観を実践していないのですか。

ヒギンズ▼もちろん、心に刻み込んでいます。

シャイン▼それなら、御社でのものごとのやり方について、彼らは新入社員に、今すぐにでも教えられるのではありませんか。

私はプロセスについて、実質的に全く新しいアイデアを提案し、この新たな考え方をヒギンズが検討するかどうか確かめようとしている。ヒギンズを、問題について別の説明の仕方へと導くと同時に、彼女の本当の考えを見きわめようとしているのである。

ヒギンズ▼もちろん教えられます。ただ、文化をもっと徹底的に分析して、価値観のいくつかを正式に文章にすることが必要だと、私たちは考えたのです。

ここで私は重要な選択をすることになる。文化の分析をなぜそれほどまでに必要だと思うのかと尋ねてヒギンズ「個人」に共感するか、それとも「内容あるいは状況」に共感して価値観について尋ねるか、という選択である。私は後者を選択した。そのほうが、有益な行動を早くとれると判断したからである。しかしながら読者のみなさんに注目してほしいのは、ここが、クライアントの感情と理由を深く探るか、それとも、価値基準を守るという課題を解決する方向へ進むかの、重要な分岐点だという点である。

シャイン▼たとえばどのような価値観ですか。

具体例を求めることが、結果的に唯一最大の介入になる場合は少なくない。なぜなら、具体例を知って初めて、クライアントが何について話しているのかが本当にわかるようになるからである。そのため、これは完全に謙虚な問いかけに戻っている。ただし、クライアントについてではなく状況についての問いかけである。

ヒギンズ▼たとえば、現場の各チームは、チームへのこの上ない献身と絶対的な忠誠心を、何があろうと忘れません。

重要な価値観のいくつかをヒギンズが即答できたことで、もし彼女の提案どおりに事を進めて私がテンプレートを用意したら、もともといる社員たちは、新入社員に教えるべき価値観の「公式」リストをつくるために、数週間あるいは数カ月ものあいだ私のインタビューを受けることになるということがよくわかった。私にとってこのプロジェクトは割のいいものかもしれない。しかしヒギンズが本当に気がかりに思っているのは、新入社員が入社してすぐに先輩社員の言葉を無批判に信じ込んでしまうことであるように感じた。また、明文化されたリストがあればなぜ将来的に価値観を強く教え込むことができるようになるのかよくわからなかった。

私はいっそう示唆的な問いかけをしてみることにした。受話器越しに伝わってくる切迫感を考えれば、もっと理に適っていると思われるアイデアを含んだ問いかけである。リスト作成とその活用法についてもういくつか質問するだけでもよかったが、そういうものは全部端折って、あえて何か別のことをやはり質問という形で提案したいというのが私の正直な気持ちだった。

シャイン▼今を含め、これから数カ月のあいだに社員を新規採用する予定はありますか。

ヒギンズ▼はい、採用は一年中いつでも行っています。だからこそ、価値観のリスト作成を急いでいます。

シャイン▼ですが、タスク・フォースのメンバーは御社の価値観をつねに実践できていると、そうおっしゃいませんでしたか。

これは、循環的な問いかけ、つまり私の提案がうまくいくかどうかを見きわめるためのものであり、私が考えていることについてヒギンズに検討してもらうための、いわば前置きでもある。

ヒギンズ▼もちろん、実践できています。

これで彼女が本当に考えていることがさらによく理解できた——新入社員に急いで会社の価値観を教え込み、早く会社の一員になってもらいたいのだ。ではなぜ、価値観を明らかにして成文化するという正式なプロセスを踏まなければと彼らが考えるのか、その理由が突然よくわからなくなった。私が企業文化に関する本を書いてきたから、だから彼女はこういう形で私を関わらせようとしているのだろうか。私は、内容に集中していた聴き方を、彼女と彼女の動機に集中する聴き方へ切りかえ、具体的な提案をして状況を確認することにした。

シャイン▼では、新入社員への文化の教え方について、タスク・フォースに直接取り組んでもらったらどうでしょう。その過程で、先ほどあなたがおっしゃったような、ぜひ守りたいと思う重要な価値観を明らかにすることになるでしょう。いずれにしても、そうした価値観を新入社員に教えるためには、自分の言葉で価値観を述べ、自分なりの具体例を用意する必要があります。分析にエネルギーを注ぐのではなく、みずから伝えてはいかがですか。タスク・フォースがすでに配置されているなら、教えるためのプログラムを自分たちで考えてもらうのがよいと思います。間違いなく、重要な価値基準をはっきり表現することになりますよ。

ヒギンズ▼少し考えさせていただけますか。とても興味深いアイデアだと思いますので。後日あらためてご連絡させていただきます。

私は、ヒギンズの依頼ににじむ切迫感に対応しており、そのため、彼らがしたいと思うこと、すなわち新入社員に会社の価値観を教えるという希望が早くかなう提案をすることにした。その提案ができたのは、教えるためにすでにタスク・フォースが配置されていることを、早くにヒギンズの返答から知ったからにほかならない。そして私はヒギンズの案とは違う役割をタスク・フォースに提案したのだった。ここまでが、一度目の電話で話した内容である。二、三日して、ヒギンズからふたたび電話がかかってきた。

ヒギンズ▼ドクター・シャイン、ご提案のアイデアはプロジェクトをはるかに速く進める素晴らしいものだと思います。ただ、弊社のCEOの確認が必要ですし、当初とは違うプランになるため、CEOはおそらくあなたと話したいと言うと思います。彼はケンブリッジ出張が多いので、次に行く一週間後にお時間をいただくことになるかと。彼から電話をいたします。

明くる週に電子メールが来て、出張は取りやめになったが、ぜひ電話でこの件について話をしたいと書かれていた。そして翌日、実際に電話でCEOと話をした。

CEO▼ドクター・シャイン、弊社の重要な価値観を明らかにして、新しいチームとプロジェクト・マネジャーに教えるという今回のプロジェクトについて、あなたには別のお考えがあると伺いました。

シャイン▼ええ、こう思ったのです。今いる社員によってすでにタスク・フォースが設置され、その社員たちが価値観を実践しているなら、診断に手間暇をかけ、価値観を明文化するより、その社員たちが直接そうした価値観を教えたらよいのではないか、と。このやり方でも、価値観を学び、自分のものにしていくなかで、明文化できます。プロセスのスピードアップにもつながりますし、新入社員に教えながら現社員たちもあらためて確認することになります。

　このとき、私はこのプロジェクトによってめざすものを話してほしいとCEOを促すのではなく、あえて「医者の役割」を演じて、自分が考える解決策を明らかにしていた。それは自分を偽らずにいることだった。私はその解決策にすっかり夢中で、さらなる問いかけをするのではなく自分の話を始めていたのである。

CEO▼なるほど、きわめて理に適った話ですね。思い返せば、この件をマルシアと初めて話し合ったとき、今おっしゃったとおりのことを私は考えていたのですが、マルシアに成文化する必要があると言われまして。私はとくに必要とは考えていないので、あなたから提案していただけてよかったと思います。このやり方でプロジェクトを進めます。大変助かりました。請求書をお送りください。

自分のアイデアがＣＥＯの優先事項に合っているとわかって、私は安堵の胸をなで下ろした。しかし果たしてヒギンズは納得するだろうか。私は彼女のアイデアを潰し、ＣＥＯとの関係に摩擦を生じさせてしまったのではないだろうか。数日後、彼女から電話がかかってきた。

ヒギンズ▼ＣＥＯと話をしましたら、新しい方向性にとても満足している様子でした。実をいうと、この件について初めて意見を聞かれたとき、コミュニケーション部の部長として価値観を成文化しなければならないと思いました。ＣＥＯがそれを望んでいる、とも思いました。でも、私個人としてはその必要性を疑っていたので、新入社員のトレーニング・プログラムをタスク・フォースと協力して始めることができて、とてもうれしく思っています。

シャイン▼それはよかった。このアプローチをしばらく試してみて、どんな具合か、折を見てぜひ知らせてください。

私は、もしこのトレーニング・アプローチがうまくいかないようなら、さらなるアダプティブ・ムーヴを探れるよう可能性を残しておきたかったし、私たちがみずからの力で状況を制御しており、必要に応じてさらに深く問題を探究できることを、ヒギンズに伝えたいと思った。数カ月後にメールを送って様子を尋ねた私は、ついに彼らが三つの重要な価値観について意見の一致をみたことを知った。すなわち、絶対的な忠誠心と、プロジェクトへのこの上ない献身、プロジェクトと会社への昼夜を分かたぬコミットメント、の三つである。その三つが、失いたくないと彼らが心から思う重要な価値観であるのはたしかな事実なのに、もしテンプレートをつくったりあらたまって価値観を述べる期間を設けたりしたら、わざわざ事態をややこしいものにしてしまっていただろう。

学び

●支援の基盤ができたのは、まさに初めて話をしているあいだのことだった。私の好奇心と関心によって、ヒギンズが、やろうとしていることを再考し、当初の依頼を考えなおすことにしたときである。この最初の会話のあとで、ヒギンズはさらに気づいたのかもしれない――コミュニケーション部の部長として、文化的価値観のリストをなんらかの形で文字にしなければならないという考えにとらわれすぎていることに。私は、こうした経験から、本当の支援は往々にしてきわめて素早く行われると思うようになったのである。

●関係構築についてはどうだろう。思ったままの疑問を私が口にしたことで、私と率直に話ができることと、別の観点——私が提案した、ヒギンズにもCEOにも筋が通っていると思ってもらえる観点——から問題を話し合えることが、はっきりとヒギンズに伝わった。私たちは電話で、たしかな支援を実現できるだけの関係を築いたのである。こうして、自分の反応に正直になるのが適切なアプローチであることを私は知った。また、ヒギンズとCEOの声の調子や話の内容から、ヒギンズが率直に話をしてくれていることを感じた段階で、私は自分の謙虚に問いかける姿勢を示唆的な「医者」の役割へ、かなり短時間でシフトすることができた。さらには、ヒギンズの当初の要望を変えることもできた。

●大変な手間暇がかかるだろうプロジェクトは行わず、クライアントが何を必要とし、求めているのかを掘り下げたわけだが、そのほうが役に立てたし、クライアントも全く同じ意見だった。私は、問題点はわかったがもっと別の対処法があると思うということと、クライアントの切迫感を理解していることを、質問によって伝えようとした。そして、タスク・フォースのエネルギーは、近々入ってくる新米社員の指導法の作成に使ったほうがはるかに有意義であることと、最も重要な価値観のリストはその過程でつくれることを、クライアントに理解してもらえたのだった。

CASE6
プロセスを示唆してクライアントをつくる――アルファ・パワー社

これは、なかなか珍しい事例である。最初の会話で私が自分の反応を正直に話したことによって、クライアントと一二年にわたる関係を築くことになったからだ。このときも、始まりは一本の電話だった。

メアリー・マイヤーズ▼ドクター・シャイン、私はアルファ・パワー社の人事部長で、メアリー・マイヤーズと申します。実は、文化専門のコンサルタントを探しています。ご存じかもしれませんが、弊社は現在、保護観察期間にあります。数年前に環境法令に違反して刑事告発され、判事に、企業が環境問題について無責任な行動をとるのは「企業文化」が原因にほかならないと強く指摘されました。

現在は環境法専門の弁護士を二人雇って、この件の法的な側面に対処してもらい、よりよい環境計画を策定するのも手伝ってもらっています。この問題は文化と大いに関係があると、私どもは考えています。そのため、文化的な問題の分析に力を貸してくださる方を探しています。あなたなら、そうしたコンサルタントを、あるいは大学院生でもかまいませんが、ご存じなのではないかと。

話を聴くうちに、私はとても興味をそそられた。固定のクライアントがいないときだったのもあるが、電力会社と仕事ができる可能性に心が動いたのである。実は、原子力産業における安全性の問題について、かねてより考えるようになっていた。国際原子力機関（IAEA）に対し、原子力の安全性における文化の問題について招待講演をしたのがきっかけだった。

シャイン▼とても興味を惹かれますし、やりがいもありそうですね。あいにくコンサルタントにしろ学生にしろ心当たりがないのですが、私ではいけませんか。この件にとても関心があるのですが。

謙虚な問いかけとして言えるのはこれくらいだったが、この組織に私が強い好奇心を持っていることを反映しており、偽りなく自然に起きた反応だった。

マイヤーズ▼とんでもない、ただ、あなたにお願いするような余裕は弊社には……。CEOと、この件のために設置したタスク・フォースに相談し、あらためてご連絡いたします。

一週間が過ぎ、二度目の電話がかかってきた。

マイヤーズ▼ドクター・シャイン、実を申しますと、あなたのような方にご協力いただいて、二人の弁護士とともに、取締役会直属の社内「環境品質審査委員会」メンバーになっていただけたらと思っておりました。この件についてじかに詳しくお話しできればと存じますが、上級管理職との打ち合わせに、来週、弊社へお越しいただけないでしょうか。

私は了承し、日時の約束もした。この訪問について、今回は料金を請求するつもりはなかった。私から手を挙げて引き受けたのだし、互いに様子見の段階であるのが明らかだったからだ。しかし彼らは交通費を払うと進んで申し出てくれた。

本社を訪れるのは、それ自体が文化的な体験だった。建物に入るのに念の入った署名の手続きがあり、飾り気のない殺風景な待合室で座って迎えを待ち、エレベーターに乗って特別階へ上がるときには、会社の歴史を示す写真と、テレビ画面に映し出される従業員に関するニュース、それに会社の価値観を見た。ようやく案内されたのは、広く設備の整った会議室で、COOと、全部局の管理課長、労働関係部の部長、そしてメアリー・マイヤーズが私を待っていた。彼らは、組織文化に関する私の仕事について尋ね、判事と保護観察に関する自分たちの状況を説明した。

私は、興味をそそられると同時に、この会合の目的が、彼ら経営幹部と私がそれなりに調和できるかどうかを見きわめるためのものであることを強く意識した。会談は堅苦しさもなければ特別なこともなかったが、彼らがその後、この会合について話し合い、私を雇うかどうかを決め、結果をメアリーから知らせてくることは暗黙の了解事項だった。

一週間ほどして、電話がかかってきた。

マイヤーズ▼ドクター・シャイン、先日はご足労いただき、ありがとうございました。あなたにぜひ、弊社の文化についてコンサルティングをお願いしたいという結論になりました。直接のご連絡はジム・ストーンからいたします。環境・衛生・安全部（ＥＨ＆Ｓ）の部長で、保護観察期間終了までのプログラムの責任者でもあります。あなたには、二人の弁護士とともに、環境委員会直属の立場で仕事をしていただくことになります。弊社トップレベルの、ジムを委員長とするＥＨ＆Ｓ委員会のメンバーということです。この委員会はＥＨ＆Ｓの全プログラムの策定と検討を担っており、各事業部の部長全員と、ＣＯＯも関わっています。今度おいでいただくときには、委員長と、ＣＥＯにも会っていただきたいと思います。彼は、弊社がどのように保護観察期間を終えるかについて、より長期的な視野を持っているからです。また、裁判所が任命した監査人が、社内を自由に出入りし、プログラムの進捗状況について弊社と裁判官のために三カ月ごとに報告書を書いていることもお含み置きください。お目にかかれるのを楽しみにしております。

一度に引き受けるにはなかなか大変な役割だったが、安全性の観点から私が関わりたいと思う、ほぼそのとおりのものだった。こうしてアルファ社との関係が始まり、一二年続くなかで、私は都会の大手電力会社の難しいダイナミクスや、安全管理という分野全体を知ることになった。また、安全性に関する新たな問題が次々と起きるためにアダプティブ・ムーヴが頻繁に必要になることが、折にふれ、この組織のさまざまな幹部および従業員と私との人間関係によって浮き彫りになった。

学び

●関係構築には、個人として正直になることが欠かせない。この仕事はとても面白そうだと気づいた時点で――折しも安全性の問題に関心を持つようになっていたときであればなおのこと――、コンサルティングを引き受けたいと自分のほうから言わないのは誠実さを欠く行為だと思われた。

●アルファ社の幹部たちと初めて会ったとき、この仕事を心底したいと思うなら、自分を売り込む役割を演じなければならないと気が付いた。謙虚なコンサルタントという役割を離れることになるため、それなりに緊張感が生まれたが、ＩＡＥＡに対して講演をしたことで、私への信用が高まり、この会社になんらかの貢献ができるという自信がもたらされていることにも気が付いた。アルファ社が抱える安全性の問題が、この会社の文化的な力とどのような関連があると思われるかという点について、私はちょっとした専門家と言ってよかった。

- クライアントから学ぶことだけでなく自分自身の必要性によって、状況の性質は変わる。そのため、そうした変化に応じて役割をシフトする準備をととのえておくべきであることを、私は一連の経験から痛感した。クライアント組織の複雑さも身に染みたが、これについては第7章で詳述する。

グループ・ミーティングで、すぐに打ち解けた関係になる《パーソナライズする》方法

グループ・ミーティングでは、少なくとも三つのレベルの関係が生まれる可能性がある。作業グループはよく「ロバート議事規則（米陸軍のヘンリー・ロバートが考案した会議の進行や手順）」に従って運営されるが、それはレベル1の関係を保とうとする、グループの結成者やリーダーの意図によるものにほかならない。メンバーはこの規則に則って、さまざまな役割を演じ続け

ることを期待されている。パーソナライゼーションなど、不適切で時間の無駄だと考えられてしまうだろう。レベル1より深い関係になる必要がグループにあるかどうかは、達成しようとしている課題と、その課題がメンバーの協調的な行動をどの程度必要とするかによる。互いを頼りにしていればいるほど、それだけレベル2の信頼と率直さに対する必要性も増すのである。状況によっては、レベル3の関係が求められる場合もある。ネイビー・シールズ（海軍特殊部隊）に代表される、全面的に相互依存し、互いの反応を熟知していることが欠かせない、危険な状況で仕事をするチームの場合だ。

さまざまな作業グループが、名ばかりのチームになってしまっている。各メンバーが、ほかのメンバーがしていることとは無関係に行動してしまっているためである。物理的に近くにいても、グループはチームにならないし、同じ上司のもとで仕事をしていてもまた然りである。チームをつくるのは、課題や、互いを頼りに思う気持ちだ。もし課題が詳しく検討されず、互いに頼りに思っていることを確認できないなら、そのグループがどの関係のレベルで活動すべきかを知る方法はない。しかしながら、次の二つの事例（一方は成功の、もう一方は失敗の事例）が示すとおり、最初もまた肝心である。

CASE7
マス・オーデュボンの理事会タスク・フォース――パーソナライゼーションの成功例

マサチューセッツ州オーデュボン協会（マス・オーデュボン）は、成功している巨大な環境保護団体である。長きにわたりニューイングランド全域で活動し、保護区を設けたり、鳥が巣をつくる地域を保護したり、そういう地域に隣接する土地を取得したり、また、自然について子どもに教えるためにさまざまな教育プログラムを実施したりしている。私がその理事を二年ほど務めた頃、同協会の会長ノーマと、理事会長ルイスが、そろそろ資金調達キャンペーンをするべきだと判断した。そうしたキャンペーンは一〇年かもっと前に行われたことがあったが、新たな施設やプログラムの拡充の必要性が急速に高まっていた。

私は組織にまつわる仕事をしてきた経歴のために、「理事会プロセスに関する委員会」の一員になっていた。理事会がどのように活動しているかや、協会がもっと成果をあげるためにどのように活動すべきかを、月に一度検討する委員会である。まさにこの委員会の会議で、新たな資金調達キャンペーンを始めるという問題は取り上げられた。最大の懸案事項は、キャンペーンに取り組む覚悟が理事会にあるかどうかだった。そうした活動をするには、ふだんとは別に多くの仕事をすることになるし、理事に全力を傾けてもらうことが不可欠だった。

プロセスに関する委員会は、理事会メンバーに覚悟があるかどうかという問題に取り組むために、熱意ある理事によってタスク・フォースを設置すると決定し、その議長を引き受けてもらえないかと私に尋ねた。私は承諾し、これを機会だと——別々に選ばれた一〇人の理事会メンバーから成るタスク・フォースの協力の仕方に、「謙虚なコンサルティング」が影響をもたらせるかどうかを確かめる、やりがいのある機会だと考えた。

ノーマとタスク・フォースのメンバーである理事数人と私は集まって、タスク・フォースとしてどのようにスタートを切るのがベストかを話し合った。早々に、私は難題にぶつかった。過去に行った資金調達キャンペーンでは多くのミスがあり、そうしたミスについてあらかじめ注意を促しておきたいので、初回のミーティングで話をする時間を与えてほしいとノーマに要望されたのだ。私はこの要望についてよく考え、きっと出だしでつまずくことになると判断し、初回のミーティングは議長として私なりのやり方で自由に運営させてほしいと返事をした。ノーマは少し不満を漏らしたが、すぐに口を閉ざすことになった。議長になってほしいと私に依頼したのは、ノーマだったからである。

私が念頭に置いていたのは、ボームが提唱し（一九八九年）、ビル・アイザックスが進化させた（一九九九年）ダイアローグについて、ここしばらく自分がしてきた数々の経験だ。そこで、初回のミーティングは食事をしながら、できれば洒落たクラブかレストランで行うべきだと、まず提案した。ノーマは無駄な出費だと言ったが、私が異を唱えるより前に、出席していたメンバーの一人が、そういうディナー・ミーティングをひらくならボストンにある自分のクラブを提供しますよと申し出てくれた。おかげで私の思いどおりに事が運ぶことになった。私としては、食事をしながらメンバーに個人的に知り合いになってもらい、資金調達キャンペーンを実施する覚悟が理事会と組織にあるかどうかを話し合うことになるという任務が、さりげなく伝わればと考えていた。

この件で打ち解けた関係を築く《パーソナライズする》ために私が考えた重要な介入は、さまざまなダイアローグ・グループでそれまでに学んだあるプロセスを適応させるというものだった。つまり、形式的な「チェックイン」を行ったのちにダイアローグを開始して、確実に、全員の発言に耳が傾けられ、最初の「グループ行動」を完了できるようにするのである。全員の「チェックイン」が終わるまで、堅苦しいことはいっさい言わないでほしいと、私はノーマとルイスに頼んだ。実は、試してみたいと思う特別な形のチェックインがあった。

私のアダプティブ・ムーヴ

コーヒーとデザートが運ばれてくるとすぐに、私は一同に注目してもらい、次のように語った。

「話し合いをうまく進めるために、全員でやってみたいことがあります。少し奇妙に思うメンバーもいるかもしれませんが、このように始めることはきわめて重要だと私は考えています。私の左側から、座っている順番に一人ずつ、マス・オーデュボンに参加した理由を、飾らず率直に一、二分ずつ話してください。全員が話し終えるまで、意見を述べたり話をさえぎったりしないこと。その後、予定の議題に入ります。時間は少々かかりますが、全員の理由を聞くのは意義深いことだと思います。ではロジャー、トップバッターをお願いします。あなたはなぜこの組織に入ったのですか」

　このような「チェックイン」を行う意味は、みな理事会のメンバーで互いを知っていてなお、自己紹介というべき内容を全員に述べてもらうところにある。また、組織の一員になった理由を「飾らず率直に」話してもらう意味は、メンバーシップ（一員であること）の個人的な側面《パーソナライズ》を強調することに、および、話の内容や情熱の程度に基づいて必要な情報を集めることにある。その情報によって、集まったタスク・フォースのメンバーが、資金調達キャンペーンに実際どれくらい熱心に取り組むかを推し量ることができるのだ。もしメンバーにあまり熱意がないようなら、キャンペーン自体の延期を視野に入れざるを得なくなる。

　実際の展開は、「ミラクル」という言葉がおそらく最もふさわしいだろう。自分の番になると誰もが、とりわけノーマとルイスが、マス・オーデュボンが自分の人生においてどれほど大切か、環境保全や自然教育に対してこの組織が果たしている役割がどんなに重要か、そしてこの組織の成長と繁栄に貢献することに自分がどんなに情熱を燃やしているかを、熱く語ったのである。三〇分ほどで全員が話し終え、私たちはこのタスク・フォースにはさらに細部を詰めつつ進んでいく覚悟ができていることを知ったのだった。

　私がこの目で見たことであり、またのちに話をしていて確認されたのだが、全員に答えてもらったことで思いがけない成果が得られた。タスク・フォースのメンバーでもあるこの理事たちがどんなに熱意にあふれているかということを、ノーマとルイスが初めて詳細に知ったのである。重要なのは、メンバーの一人ひとりが感情を込めて語ったこと、自分のコミットメントについて詳しく話したことだ。彼らは理事会のメンバーでもあるが、そんな彼らを知っているというだけでは得られない情報が――なにしろ理事会の席で彼らはほとんど何も話さないのだ――、ノーマとルイスにもたらされたのである。

それから数カ月にわたって計画を策定するなかで、私たちは気がついた。次の問題は、資金調達キャンペーンに伴う余分な仕事をする覚悟を組織のスタッフが持てるかどうかだ、と。そして予想だにしなかったことが起きた。あのディナーでしたことはとても有意義だったので、スタッフに対しても同様のことをするべきだと、私が率いるタスク・フォースのメンバーたちが提案したのである。私たちは一五人ほどのシニア・スタッフとともにランチ・ミーティングをひらいて、私たちがディナーの席でしたのと同じことをすることにした。私は次のように述べた。ミーティングではまず全員がチェックインを行って、マス・オーデュボンに入会した理由を話そう。タスク・フォースが最初に行い、それからスタッフ・メンバーに一人ずつ理由を述べてもらって、部屋にいる全員が話をするようにしよう、と。そしてこのミーティングでも、組織と資金調達キャンペーンに対する胸の熱くなるような支持の言葉を聴くことができたのだった。

あとでわかったとおり、ランチ・ミーティングでも予想外の素晴らしい成果を得ることができた。その一つは、マス・オーデュボンに入った理由を一〇人の理事が語るのを、スタッフが初めて聴いたことだった。それまでは、理事会メンバーのことは名前を知っている程度で、組織にどの程度の関心を持っているのか、ほとんど知らなかったのだ。また、これは予想していたとおりだが、貢献する気持ちと関心を互いにどれくらい持っているかを、スタッフたちは初めて詳しく知ることができた。組織はそれまでずっと、レベル1にとどまり、役割を明確に分けて杓子定規に歩むばかりで、もっと個人的な感情や動機や価値観が共有される集まりを実質的に一度もひらいたことがなかったのだった。

大勢がいる場で「なぜマス・オーデュボンに入ったのか」と尋ねることは、ほかのスタッフ・ミーティングに対しても推進され、その後ひらかれる多くの運営ミーティングで重要な最初の手順になった。それは時間がかかるという意味で比較的行われにくい介入だったが、実施してみると、資金調達キャンペーンに関して協働するプロセスの全体が個人に焦点を当てたもの《パーソナライズされる》になるため、重要な影響をもたらすことがわかった。キャンペーン自体は、熱い思いを持って二年にわたって展開され、目標だった数百万ドルを集めることができた。

学び

- タスク・フォースとしての活動をチェックインのプロセスから始めようと最初に考えたとき、何か個人的なことで、かつ気持ちのつながりを呼び覚ますようなことを、全員に話してもらおうとひらめいた。特定の質問によってグループ全体としての関係がレベル2以上になるとわかっていたわけではなかったが、結果として、理事会メンバーとノーマとのあいだでスムーズに意思疎通が行われるようになった。以前は、友好的ではあるが打ち解けているとはいえない関係であったものが、今ではもっと信頼し合える関係になり、理事会のメンバーは自分たちが本当に思っていることを前より率直にノーマに話せるようになった。

● なんらかの構造に**否応なく従ってもらう**のはリスクがあるが、ときには、リスクに見合う重要な成果を得られる場合がある。私は、飾らず率直に話してほしいとメンバーに求め、全員が話し終えるまで質問も感想も意見も口にしないよう念を押すことによって、感情に訴えすぎだと思われるリスクを進んで冒していた。そして、パーソナライゼーションを促すと同時に、このグループに行動を起こすエネルギーと情熱があるかどうかを事前に判断するプロセスに、無条件に従ってもらっていたのである。私はまた、飾らず率直に話すようメンバーに求めることによって、感情的な反応を促していたが、それは、この段階で互いに対する見方を修正する必要が、私たち全員にあると思ったからだった。

● アダプティブ・ムーヴの本質は会話の性質を変えることにあり、結果的にそれが、複雑で厄介な問題に対処するための最大のポイントになる場合がある。

CASE8 ケンブリッジ・アットホーム委員会――パーソナライゼーションの失敗例

年をとったときに老人ホームに入らず、わが家で過ごすことをじっくり考えてみようと、私たちは家族や知人とともにグループをつくった。何度か親睦会をひらいてその考えについて大まかに話をしたのちに、無理なことではないと私たちは判断し、「ケンブリッジ・アットホーム」は親睦会というよりむしろ作業グループへと形を変え、きちんとした組織をめざすことになった。私はメンバーとして積極的に活動し、またグループの人たちは私が組織関連の仕事をしているのを知っていたので、当然のように、議長になってほしいと言われてしまった――私はそのグループをつくったオリジナル・メンバーではなく、そのため、さほど評価される立場ではなかったのだが。

八人いるメンバーは、持っているスキルも、関与の度合いも、期待するものも、みなそれぞれだった。そのため私は放任主義に徹し、発言したいことがある場合はその機会を存分に持てるようにした。こうした有志団体を機能させるには、メンバーに個人として関わってもらうようにするほかないという確信のもと、レベル２へ向かう流れを後押ししたのである。パーソナライゼーションを進めるために、私はメンバーの話に注意深く耳を傾け、また、意見がある人には誰であれ、その人が必要としているかぎり——内容が私たちの課題に深く関係しているときはとくに——発言してもらった。たとえば、このグループやプロジェクトのことを知らせるパンフレットにどんな写真を載せるべきかについて延々と議論したことがあった。あるメンバーは頑として自分の意見を譲らず、長時間にわたって発言したが、それを私が認めたのは、彼が関わってくれることがこの先、不可欠になると思ったからだった。

このメンバーがあるミーティングでまた長々と話をしたのちに、創立メンバーの一人から電子メールが送られてきた。「『何の貢献もしないメンバーにだらだらと話をさせ、ミーティングの進行を滞らせるとは』ひどい議長だ。よりによって、まさかあなたが、グループについてこんな疑わしい知識しか持っていなかったとは。あなたにこの会の議長を務める『能力が全くない』のは明らかだ」というのだった。彼がほかの創立メンバー数人に不満を洩らしたため、私はそのなかの二人と個別に話をする場を設けて、どうすべきかを考えた。私は二人に、このような進め方をする理由を説明した。すなわち、各自の話にみんなが耳を傾けていることをメンバー一人ひとりに実感してもらい、しっかり参加できるようにするためである。彼らに積極的に取り組んでもらうことがのちのち不可欠になるからだ、と。

この話し合いのなかで、私は文化的な面について重要なことを学んだ。話をした二人のメンバーは、ケンブリッジおよびボストンにあるボランティア組織や芸術団体の、経験豊富な理事だった。彼らは穏やかに、しかしきっぱりと言った。私がしようとしていることは十分に理解できる。だが、メンバーの大半は、そこまで率直にものを言うことに慣れておらず、昔ながらの秩序だった運営のほうがいいと思っているのだ、と。私たちにはそれぞれにグループのなかで果たすべき役割があったが、本当の意味で頼りに思い合っておらず、私がめざしているようなレベルでのパーソナライゼーションを必要としていなかったのだ。私は、課題の分析を誤った。もしきちんと分析できていたら、効率的でテンポよく進むミーティングこそが、彼らが慣れている形であり、課題の要求に適う形であることに気づいたはずだった。

私たちは、作用しているもう一つのダイナミクスについても話し合った。私を厳しく批判したあのメンバーは、自分が議長に指名されなかったことになにより腹を立てているのではないか、と。だがその頃、彼は私たちの会計係を務めており、その役割にしっくりなじんでいたため、誰も彼を議長にとは思わなかったのだ。私が（彼の観点からすれば）うまく運営できていないのを見て、彼は自分の知る唯一の方法によって、すなわち私の運営スタイルを批判することによって不満を述べたが、それも無理からぬことだったのだろう。

問題を解決するために、私たちはグループを再構築する機会を探した。活動も二年目に入り、資金もいくらか得て、明らかに新たな段階を迎えている折でもあった。リーダーシップの難しさについて私と話し合いをした二人の創立メンバーは、不平を洩らしていた例の創立メンバーを議長にすると提案した。その際、私の面子を潰さないための説明としてこう言われた。「あなたが議長を務めてくれたおかげで、よいスタートを切ることができた。しかしすっかり軌道に乗った今は、財務の経験と人脈を持つ人に議長を務めてもらう必要がある」。彼は喜んで議長を引き受け、ハードスケジュールのミーティングを運営した。また、私にわかる範囲で言えば、グループはこの解決策に満足し、その後はうまく機能するようになった。

学び

● 私は、発言したいと思う人に必要なだけの時間を与えることで個人的な関係を深めよう《パーソナライズしよう》と思ったが、このような種類のグループでは、それは必要とされず、求められてもいなかった。私たちは互いをあまり頼りに思わず、そのため長々と話すメンバーには黙ってもらうのが、誰の目にも適切であるように見えた。私は支援をしようとしたが、どのような支援が必要なのかを、古参のメンバーに尋ねなかった。医者の役割を演じ、しかし診断を誤り、間違った薬を与えてしまった。一方で、議長を引き受けることによって率先してグループを導こうとしたことは、プロジェクトを始めるのに不可欠だったとも言われた。私はリーダーの孤立へと進む運命だったが、介入についてはきわめて有意義であったと思ってもらえた。

●もう一つ学んだのは、既存の文化に合わない活動や行動は続かないということだった。議長として、私は率直な運営スタイルのミーティングを無理に推し進めてしまった。それは一人ひとりの参加の意義を最大限にするものであり、私としては、すべてのメンバーの話に十分に耳を傾け、支持することによって、積極的に取り組んでもらおうと思ってしたことだった。しかしメンバーの大半は、もっと規律ある型どおりのミーティングになじんでいて、私がグループ・ファシリテーターとしてしてきたような経験があまりなく、最も重要なことには、このグループでレベル2の個人的な関係を持つことにおそらく関心がなかったのだった。

まとめと結論

この章では、初めて言葉を交わす瞬間からレベル2の関係を築く重要性に焦点を当てた。とくに強調したのは、このプロセスがコンサルタントの側の、力になりたいという積極的な気持ちと、好奇心と、潜在クライアントに対する思いやりから始まる点だ。もし自己中心的に考え、その関係の自分にとっての意味に耳を傾けるなら、潜在クライアントはそれを感じ取り、依存するか打ち解けないかのどちらかになり、レベル1より深い関係になることはなく、本当の考えを打ち明けることもないだろう。

関係の構築はまず、あなたの言葉や、声の調子や、相手に対する態度から始まる。それらによって相手が述べる言葉が決まり、それからまた、あなたが述べる言葉などが決まる。そうした相互に影響し合う「ダンス」を行うなかで、あなたと相手は、一緒に取り組めるか、信頼し合えるか、適切な率直さで話ができるかを、暗黙のうちに判断することになる。

この「ダンス」でのあなたの役割は、どのような対応を選択するかで適宜決めることになる。選択は謙虚な問いかけから強力な提案のあいだで行うことになるが、その範囲での一つの選択は、原因の分析や感情的な反応、あるいは行動に対してさまざまな診断的な問いかけをすることだ。そうした問いかけは、過去志向になってもいいし、現在志向あるいは未来志向になってもいい。二つめの選択は、循環的な問いかけをすることだ。すると、あることにほかの人がどのように反応するかを、相手にじっくり考えてもらえるようになる。最後にもう一つ、プロセス指向の問いかけをするという選択肢もある。するとあなたと相手は、問題を説明するプロセスか、今後の進め方として相手が望んでいることか、あるいは関係それ自体に集中することになる。

紹介した事例の多くが示しているとおり、ごく早い段階での会話でさえ、新たな視点や、問題について考えるための新たな枠組みや、結果的に役立つ新たなアイデアをクライアントにもたらして、有用な支援をたびたび提供するのである。

読者への提案

潜在クライアントが問題を抱えて電話をかけてきたとする。次に示す対応すべてに目を通し、自分がしそうな対応として最も可能性の高いものから最も可能性の低いものまで順位をつけて、「なぜそのように言うのか」を考えてみよう。

潜在クライアント▼シャイン教授ですね……、よかった、つかまって。私たちの組織で行う文化調査に、ぜひお力添えいただけないでしょうか。従業員エンゲージメントがあまりに低いので、この点について私たちの文化を明らかにしたいと思うのです……。

1　シャイン▼お電話ありがとうございます。協力は惜しみませんが、この段階で調査を行う影響についてお考えになりましたか。

2　シャイン▼電話をありがとうございます。「従業員エンゲージメントがあまりに低い」とおっしゃる具体的な意味を、お聞かせいただけないでしょうか。

3　シャイン▼喜んでお手伝いしますよ。この手の問題を突きとめる調査には、よいものがいくつかあります。どれが適当か、一緒に考えましょう。

4　シャイン▼いいですとも。従業員エンゲージメントの問題は重要です。きっとお役に立てるでしょう。お会いして話し合いたいと思いますが、いつにしますか。

5　シャイン▼どんな種類の調査をしたいとお考えですか。

6　シャイン▼もう少し詳しくお聞かせ願えますか。

7　シャイン▼なぜ調査を実施したいとお考えですか。これが文化の問題だと思う理由は何でしょう。

8　シャイン▼今どんなことを考えていますか。何を懸念していますか。

では、友人か職場の仲間とペアになって、互いの答えと理由を比べてみよう。その後、八種類の対応それぞれに対し、どんな結果が起きそうだと思うか、また、その対応をするのはどのような条件の場合かを確認してみよう。このエクササイズの目的は、八種類の対応それぞれについて、引き起こされる結果を予測できるかどうかを確かめることだ。正しい答えはないし、得点記入表もない。なぜなら、何を述べるかは、電話の相手にどんな態度で対応するかによるからである。

5 パーソナライゼーション
――レベル２の関係を深める

Personalization: Enhancing the Level Two Relationship

私たちは、赤の他人から知り合いや友人、チームメイト、仲間、その他さまざまな間柄になって、レベル2の関係と私が呼ぶ高いレベルの信頼と率直さを育てていくが、そのときに必ず経るプロセスが、パーソナライゼーションである。これは、社会学的には人前で、あるいは仕事中に表向きの顔を見せるのを、ある程度やめるプロセスである。また、指揮台を降り、観客が楽屋裏を垣間見るのを許すプロセスでもある。パーソナライゼーションとは、自分が本当はどんな人間で、どこから来て、どこへ向かっているかというストーリーの一部を、互いに伝えあうことだ。仕事という公の場を離れたプライベートな場でリラックスしているときにどのように行動するかを、見てかまわないと互いに認めることである。

パーソナライゼーションは、徐々にしか起こらないプロセスであり、わが身を危険にさらす可能性をはらんでいる。もし自分自身のことやプライベートな「舞台裏」について過度に話してしまったら、たやすく、利用されたり恥をかかされたり、オズの魔法使いのように「ばれたり」することになってしまう——この人がふだん人前で言っていることを支持するわけにはいかない、と思われてしまうためである。パーソナライゼーションがとくに危ういものになるのは、仕事上の地位や立場が異なる人とのあいだでそれが起きる場合だ。一緒に食事をしたり飲みに行ったりしただけで、ほんのいっときに対等の立場になり、レベル1の関係にあるときなら不愉快だとか失礼だと思うようなことを、互いに言ったり尋ねたりするかもしれないからである。

距離を置いたままでいたいなら、食事をともにするといった、くだけた場に身を置かないようにするべきだし、医者が白衣を身につけるように、地位と役割を示す「制服」を常にまとっておくべきだろう。アウトワード・バウンド（イギリス発祥の非営利の冒険教育機関）のある訓練プログラムでは、一緒に冒険をしているときに私生活についての細かい話をチームメンバー同士でさせたところ、そのときは面白かったのだが、あとになって悔やみ、チームのなかに思わぬ緊張が生じてしまったことがあるという。家族のことや、プログラムでの役割とは無関係のことにあまりに深く入り込み、行きすぎたパーソナライゼーションをしてしまったのである。

レベル1の関係のままでいることは、安全で快適ではあるだろう。なぜなら、ある状況に対してどんな役割を果たせばいいかが予測できるからである。もし医者に「さあ、散歩に行って、おしゃべりしましょう」と言われたら、不意に、予測のつかない領域へ連れていかれることになる。あなたは不安に思うかもしれないし、うれしいと思うかもしれないし、あるいは、まさかこんなことに対しても料金が発生するのだろうかと思って怒りを覚えるかもしれないが、いずれにしてもこの先どうなるのか予測がつかなくなってしまうのだ。

より個人的なレベルで相手を知るというのは、深く理解してゆくプロセスである。それは自動的に起こることではない。段階を追って生じるプロセスであり、次から次へと判断を続けていくプロセスでもある。自分という人間をもっと相手に見せたとして、それでも互いに心地よい関係のままでいられるだろうか。本当の気持ちや考えを話したら、相手はショックを受けたり気を悪くしたり付き合いをやめようと思ったりしないだろうか。逆に、相手が本当の気持ちや考えを話したら、自分はどんな反応をするだろう。本心をさらけ出したら、利用されたり恥をかかされたりするのではないだろうか……。このようなさまざまな危うさがあってなお、あえてレベル２へ進む意味は何なのだろう。

なぜ支援関係を打ち解けた《パーソナライズ》ものにするのか

私は次のように考えている。レベル１の支援でもうまくいくのは、問題が明白で、支援者にはっきり伝えられ、解決に必要なスキルを支援者が持っている場合だけだ、と。さらに、このようにも思っている。今日の組織に関する問題はきわめて複雑なので、何が問題なのかを昔のようには明らかにできなくなっており、また、ピラミッド型組織の上下関係が絡む場合には、部下やクライアントが本当の考えを表に出すのは相当ハードルが高くなっている、と。この場合はこのようにするのが礼儀だという隠れた前提や、ある役割にふさわしいとされている規範によって、意思の疎通がさまたげられてしまうこともある。そのような場合には、何か方法を見つけて、状況をある程度、個人的なもの《パーソナライズ》にすることが必要だ。コミュニケーションを図れるようにしたうえで、クライアントを本当に悩ませているものが何なのか、それについてどうすればいいのかを見つけ出すためである。次に、いくつか事例を挙げて、詳しく説明しよう。

CASE9
MITで授業を個人的なつながりのあるもの《パーソナライズ》にするのを支援する

一九六九年から一九七一年にかけて、私は「学部生プランニング教授」という特別職に就いていた。マサチューセッツ工科大学（ＭＩＴ）は変革期にあり、かつてスローン経営大学院の学部長を務めたハワード・ジョンソン学長から、学部課程で進行中の、改革へ向けたさまざまな取り組みを支援してほしいと依頼されたのだ。私は自由に行動できるチェンジ・エージェントとして、各分野の教授たちがそれぞれの課程にもたらそうとしている革新について彼らに協力することになった。

そうした変革のきっかけは、激しい競争が行われる学部時代初めにあまりに勉強しすぎるために、学生がどんなに疲弊しているかが明らかになったことだった。変革を急ぐのは、寮の部屋に戻るより、食事や睡眠をとらずに研究室にいることを学生たちが選んでいるとわかったからだ。私がその職に就く頃には、変革の多くがすでに開始されていたが、多様な教授が多様な革新をもたらそうとしている状況ではやはり、チェンジマネジメントのスキルを持つ人間の力が必要だ、とジョンソンは思ったのだった。

とくに大きかった変革は、一学期を短縮してクリスマス前に終了し、一月を「独立した活動期間（ＩＡＰ）」にしたことだった。休みをとるか、でなければ気晴らしになることをもっとして、研究室で勉強する時間を減らすよう、学生を促す期間である。これは学生には次のような例を挙げて伝えられた。「ＩＡＰ中は、評価のつく公式な活動をしてはいけない。しかし教授と一緒にスキーをしに出かけるのはオーケーだ」

こうした変革を、学習プロセスの「パーソナライゼーション」と呼ぼうという考えは、彼ら社交的な立案者たちの頭にはついに浮かばなかったようだが、それらはまさしくパーソナライゼーションだった。教育課程や授業はあまりにも形式的になりすぎてしまっていた。そして経営者たちは気づいたのだ。学習プロセスをもっと個人に焦点を当てたものにしたら、学生たちはより多くのことを学ぶようになるにちがいない、と。もう一つの構造改革としては、一年生の必修科目のいくつかでは、型どおりの段階評価をやめて、合格か不合格か不完全履修かによる合否判定方式が用いられるようになった。

一年生の数学のクラスの問題

どこにでも自由に出入りできた私は、ＭＩＴの学生たちに、私のところへ来て不満や不安を聞かせてほしいと促した。多くの新入生が述べた不満は次のようなものだった。数学のクラスでは、教授の助手を務める大学院生が来て、ボードに方程式を書き、解き方を示し、質問がないか尋ね、それから専門的な答えを無愛想に述べるのだ、と。学生たちは威圧感を覚えてしまい、恐くて質問できなかった。たとえできても、返ってくる答えは短く形式的で、理解できないことも多く、みなすっかり怖じ気づいてしまうか、あるいはそんなふうに怖じ気づいている自分を恥ずかしく思ったりしていた。彼らはもっと安心したかったし、大学院生のことをもっとよく知りたいと思っていた──出身はどこか、なぜ数学を専攻しているのか、なぜやすやすと問題が解けるのか、といったことを（当時、彼らは全員、男子学生だった）。

私は院生たちに来てもらい、学生の不満を伝え、それから提案をした。次のクラスでは最初に、自分自身のことについて話をしてみてほしい。クラスが始まってからも、個人的な質問をするよう、はっきりと学生たちを促してほしい、と。この提案に、院生たちははじめ難色を示した。そういうのはふさわしくない──自分は講師であり、威厳を保たなければならない、というのだ。一定の（レベル1の）距離を置かなくなったら、授業をコントロールできなくなってしまうかもしれないという不安も口にした。しかし最終的には、次のクラスで、自分自身のことや、数学を専攻した理由や、自分も最初はなかなか理解できなくて苦しんだ経験があることについて、学生たちに少し話をしてみると言ってくれた。

目を見はるような結果が、すぐに現れた。院生たちが知らせてくれたところによると、自分自身のことについて話すと、以前よりクラスがなごやかで楽しいものになっただけでなく、実のところ学生がしっかり学ぶようになったという。学生たちは安心して、「つまらない質問」をしたり、数学を勉強しようとするときにどこでつまずくのかを口にしたりできるようになった。そのクラスにいた誰もが学んだのだ。立場が上の人は、不安を覚えることなくパーソナライゼーションが行われる環境を生み出し、さらに、自分自身に関することをまず話すことによって、信頼し合える、率直な会話をすることに、いわばゴーサインを出す必要があるのだ、と。

学び

● 私たちが、形式を重んじるレベル1のものの見方にきわめてとらわれやすいことを、つまり、特定の役割がどのように果たされるべきかについて、さまざまな思い込みをしていることを、私は学んだ。みんなで話し合い、また、私がそれまでとは違うことをしてみてほしいと提案したことによって、新しい行動を試したからといって、当然だと思っている規範に反するわけではなく、何も問題はないと、助手の院生一人ひとりに思ってもらうことができた。もしグループで取り組んでいなかったら、彼ら個人としては新しいことをしてみようという考えも勇気も、誰ひとり持てなかったかもしれない。みんなで取り組んだから、私たちはちょっとしたアダプティブ・ムーヴを試して、結果がどうなるか確かめてみることができたのである。

● 秩序だって（formal）進む学習が、形式ばらない（informal）もっと「個人」を意識した授業によって促進されること、また、それは学生たちが心理的安全を感じて初めて可能になることも、私は学んだ。つまらない質問をすることも、本当はあまり理解できていないと認めることも、安心してできなければならない。そして、安心感というのは、立場が上の人だけが与えられるものなのである。

物理学の学習コミュニティをつくる

物理学の二人の教授が、物理学専攻の選り抜きの学生たちを集めて、教室と研究室から成る独立した環境で、夜眠るとき以外はあらゆることを一緒にさせることにした。私は二人の教授のうち一人からの依頼で、彼がめざすコミュニティづくりに協力することになったが、とくに支援を求められたのは、コミュニティに必要な管理体制と、運営にどの程度、学生を関わらせるべきかを彼が見きわめられるようにすることだった。

問題は明らかに次の点だと、のちに気がついた。「年齢もさまざまなら社会的地位も立場も異なる人たちが関係しているときに、そしてそんななかでもやはり教授や助手が学生たちを評価し正式に成績をつけなければならない場合に、どこまでパーソナライゼーションを促すことができるのか」。コミュニティは、まず二年生のあいだで形成されていった。そして、どうすれば全体として機能するかという内部プロセスはもちろん、他学年の学生や教授たちとの関係もうまくまとめ、やがて、どんな他のグループにも見られない、深いレベルの個人的なつながりが築かれていった。

私の主な役割は、観察し、耳を傾け、質問をして、みずから引き起こした問題を教授に気づかせ、対処のしかたを教授が見出すのを支援することだった。そうした問題のなかで最も大変だったのは、非現実的な学生の要望と規律正しさにどのように対処するかだった。私はよく教授や助手たちに思い出させていた——学生たちに関わってほしいと本気で思うなら、コミュニティの管理構造に学生を巻き込むこと、そして、あらゆる年齢や地位や立場の境界を超えたレベル2の関係という新たな規範をコミュニティがどのように策定・管理すればいいかについて、学生に発言権を与えることがぜひとも必要だ、と。この学習コミュニティは何年ものあいだとてもうまく機能した。ただしそれは、主任教授の良識ある権威と、学生との関係を個人レベルで深めよう《パーソナライズしよう》とする積極性とがあればこそのことだった。

学び

● 私や教授たちがいちばん苦労したのは、学生の言葉に耳を傾け、彼らの声をしっかり聞き取れるようになることだった。とくに私は、好奇心と支援したいという気持ちがこの学習プロセスには不可欠であることを痛感した。それを確認したのは数年後、みずからもプログラムを運営する資格を持つ少人数の学生グループを対象に、特別な上級セミナーを行っているときだった。全員がきわめて率直に話をするようになったのちに、抜群に頭のいいアフリカ系アメリカ人の学生があとからグループに入ってきた。バレエダンサーになるという夢を持っていたが、ＭＩＴでは誰にも話したことがないという。打ち明けても大丈夫だという安心感を、（予想していたことではあったが）いつもどうしても覚えられなかったためだ。この話を聞いた私たちは、彼が地元ボストンのバレエ団に連絡するのを後押しし、ある大手カンパニーとの輝かしい未来へ彼を送り出したのだった。

●役割本位であるために生じてしまうレベル１の束縛から自由になることを受け容れると、ともに仕事をし、その仕事をやり遂げるために欠かせない者同士であるにもかかわらず、互いのことをどれほど知らないかがわかって、目を見はることになる。

教授会の仕事を改善する

私の「家《ホーム》」は教育方針委員会だった。委員長を務める物理学の教授は、その妻が別の大学で社会心理学を教えている関係で、いつどのように私に仕事をさせればいいかをよく心得ていた。

MITでの変革プログラム全体について、また、どうすれば委員会がプログラムに貢献できるかについて、私たちは何時間も話し合った。そして私が委員会に来て六カ月が経った頃、なんとも頭の痛い仕事を彼に依頼された。半日間のミーティングを運営して、委員会がもっとよく機能できるように導いてほしいというのである。

教授たちに、自分たち自身のことやグループ・プロセスについて話し合ってもらうにはどうすればいいのか、あまりよくわからなかった。委員会は、みごとなまでに「ロバート議事規則」に従う、課題指向で、形式ばった、レベル1のグループだったのだ。どこへ向かうことになるか正確にはわからないまま、私はミーティングの最初に、一枚のグループ評価質問票を配った。一人ひとりに、グループの一〇の側面について満足度を五点満点で評価してもらうのである。たとえば、「このグループの決定の仕方／参加率／問題分析の深さについてあなたはどれくらい満足していますか」といった具合だ。私はフリップチャートに一〇の側面を書き出し、それぞれの横に五点満点の評価スケールを添えた。

全員が記入を終えると、私は「オーケー。では、一番目の側面についてグループをどう評価したか、全員の考えを確認しましょう」と述べ、一人ひとりに質問をし、大きな声で評価を発表してもらった。自分の考えを率直に話してもらいたいということを、私ははっきり伝えた。このミーティングかぎりの議長として、プロセスに関する権限を行使し、率直になるよう教授たちを促したのである。それから二番目の側面、三番目の側面……と進み、最終的に一〇の側面すべてについての評価が、みんなの目の前にあるフリップチャートに並んだ。

その後は、私はもう何も言う必要がなかった。教授たちは飢えたライオンのようにデータに飛びつき、それから二、三時間のあいだ、自分たちの評価が意味することと、そのデータをどのように活かせば今後の委員会のあり方を明確にできるかを徹底的に分析したのである。私は偶然にも、教授たちが得意とし、楽しみながら行えるプロセスに出逢ったのだった。

学び

● 変革のための検討事項は、その変革に関わる人たちがしたいと思うこと、少なくともやり方を知っていることに結びつける必要がある。委員会の活動についての分析は、もしえり好みできるなら、半日間のミーティングの検討事項として教授たちに選ばれることはなかっただろう。しかし、分析を余儀なくされたとき、それが楽しくわくわくするものであることに彼らは気がついた。彼らが得意とし、楽しんでできる方法を、私が提供したのである。もし、「今朝は当委員会の活動の現状について検討します」などと言って始めていたら、ミーティングはいったいどのようなものになってしまっていただろう。ほんの数人が意見を述べて終わりの、きわめて表面的なものになっていた可能性も十分あるのだ。データが示されたことによって、すべてのメンバーが等しく発言の機会を持ち、みんなで分析に取り組み始めることになった。今思うと、重要だったのは、私がメンバー一人ひとりに問いかけをしてそれぞれの評価を発表してもらい、結果として、最初に全員が発言したこと、次いで委員会が一つのグループとしてデータに取り組んだことである。プロセスを検討することは学習に不可欠だが、建設的に行うためには、グループには支援が必要なのだ。

●レベル1のグループやチームは、もっとよく機能するようになりたいという思いはあるかもしれないが、その方法を知るための概念的ツールは持っていない。そこで、「意思決定」「参加率」「リーダーシップ」といった一連の側面を提供すると、グループはおそらく活発にプロセスを検討できるようになる。食事や楽しい遊びを一緒にすると個人的な関係が深まるのと同じように、プロセス・ツールがパーソナライゼーションを促進するうえで重要な役割を果たす場合があるのだ。

文化を超えたパーソナライゼーション

長い年月のなかで最も楽しかったのは、スローン・フェローズのクラスだ。勤め先でさらに上の職をめざす若いエンジニアやマネジャーたちが二年間（当時）の全日制で修士やＭＢＡの取得を志し、そして私は組織論の金曜朝のクラスを担当していた。

このプログラムがとくに誇るのは、アメリカ国民ではないスローン生が四〇パーセントも在籍していたことである。外国籍を持つ彼らだが、必然的に英語を話すことになり、また、同じ地域に暮らし、カープール（通学のために交替で自家用車を相乗り）し、多くの社交的な行事に一緒に参加しているという点で、アメリカ人スローン生と何一つ違いはなかった。ただ、クラスにある多様な文化を超えて理解が深まる活動を私たちは一度も生み出せていない、と私は強く感じていた。とくに気になっていたのは、他の文化を学ぶために提案されるエクササイズといえばきまって、多様な文化が日々行うものごとにどのような影響をもたらしているかや、他の文化出身の人に不快感を覚えさせないためにどんなことを避けるべきかを明らかにするための、レベル1の活動であることだ。私はもっと個人的なつながりを築くことについて、ある晩、実験をしてみることにした。

金曜日に、私はクラス全員に次のように知らせた。今度の火曜の晩に、特別クラスをひらきます。テーマは、「違う文化の人と親しくなる」。新しいことにチャレンジしてみようと思う人なら誰でも参加してかまいません、と。三〇人ほどのスローン生が集まり、私は「今夜は得難い体験をすることになります」と告げ、さらに「いつもと違うことをする覚悟で臨んでください」と述べた。目的は、予告を受け、いったい何が始まるんだろうと好奇心をくすぐられる雰囲気をつくることだ。私は次のように述べて先へ進んだ。

シャイン▼今から三〇分間、二人一組でエクササイズをします。デブリーフィング（報告）をしたら、次は別の人とペアになってください。文化の違う相手と組み、その人の文化について不思議で仕方がないと思っていることを互いに尋ねてみましょう。このクラスにすでに一年いて、いろいろなことを一緒にしてきたわけですから、おそらく互いに相手のことをかなりよく知っているでしょう。しかし、できれば知りたいが、相手が不快に思うのではないかと気を遣い、あえて尋ねてこなかったことが互いにあるように思うのです。

今夜の実験のポイントは、そうした疑問を口にしていいのだと認め合うこと、そして、自分の文化についてこれまで話題にするチャンスがなかった側面を互いに明らかにすることです。今から三〇分間です。さあ、誰かと二人一組になって、やってみてください。

スローン生▼相手の行動や個人的なことでなければなりませんか、それとも相手の国に関することでないといけませんか。

シャイン▼そのいずれでもかまいません。私はゴーサインを出したいのです。知りたいことを――好奇心をくすぐられているのに、相手が不快に思うかもしれないとか立ち入ったことではないかと懸念するために、尋ねる権利が自分にはないように感じてきたことを、思いきって尋ねてみてください、と。踏み込んだ話をすることは、たとえリスクがあっても、実際にして大丈夫ですし、ぜひしてほしいのです。

その後、グループは二人一組になって会話を始めた。するとどうだろう。どのペアの会話も大変な熱の入りようで、実のところ三〇分経ってもなかなか中断できないほどだった。

シャイン▼どうでしたか。今度は別の人と組んで同じことをしてみますか。

スローン生A▼とても有意義なエクササイズだと思いました。できれば、このまま同じペアで続けたいのですが。

スローン生B▼楽しく話せましたが、次はほかの人と話してみたいです。

スローン生C▼きっと多くの人が、ジョンにいろいろ尋ねたいと思うのではないでしょうか。私とペアを組んでいるあいだに、彼はアラバマ州のシェア・クロッパー（分益小作農）だった家の出身で、それをバネに今、有能なマネジャーとして企業で活躍していることを、進んで話してくれました。一組あたりの人数をもう少し増やして会話できないでしょうか。

シャイン▼それぞれ違った経験をしていて、必要なことが一人ひとり違うようですね。では、今からの一時間は、話してみたいと思う相手と話す時間に充てることにします。適当に巡っていますので、ヒントが必要なときは声をかけてください。

それから一時間のあいだ、クラスの人たちは自然に何人かが集まり、次いで別の人たちとグループになって、互いにさまざまな質問をした。アフリカ系アメリカ人で、積極的に自分のことを話すジョンのまわりには、五人が集まっていた。今回も部屋に熱気があふれるのを、私は感じた。一時間が経つ頃、全員に集まってもらって、今夜のクラス全体について質問をしたり感想を尋ねたりしたところ、おおむね「もっと早くこういうことをしていたらよかった」という内容の肯定的な言葉を、全員から聞くことができた。とりわけジョンと話した人たちは——そしてジョン自身も——、感謝の言葉を述べていた。ジョンという人を深く知ることができたこと、そしてジョンが自分の話をクラスの仲間に惜しみなく話してくれたことへの感謝の言葉だった。

学び

●私がなにより驚いたのは、表向きは「互いのことをよく知っていて、多くの経験を共有してきた」文化的に多様なグループが、文化的に多様な、しかし未だレベル1としか言いようのない関係性しか築けていないことだった。彼らは学生や社交的な友人といった役割のなかで互いを知っているが、文化的な境界を超えて個人的に親しくなろうというゴーサインを自分に出したことがなかったのである。ペアを組んだ人たちのなかには、それまでの一年間にこの境界を超え、多くは子育ての経験を共有していることや一緒に旅行をすることによって、広い意味で親しくなっているケースもあった。しかし、頻繁に食事をともにしていてさえ、「立ち入りすぎてはいけない。相手の気分を害してしまうかもしれないから」という考えのまわりに張りめぐらされた壁はやはり、打ち破られてはいなかった。

●階層組織や職業上、あるいは文化的な境界を超えたパーソナライゼーションを望むなら、それを安全に行うための仕組みがなくてはならない。私は「文化の島」と呼んでいるが、その仕組みにおいては、文化的ルールに多少背いてもよいと権威者が承認するか、もしくはそういう雰囲気をグループがみずからつくり出すことになる（シャイン、二〇一〇年）。組織によっては、特別な催しを行って、そうした仕組みを早く整えようとする。その事例を紹介しよう。

CASE10
さまざまなレベルでのチバガイギーとの関わり

五年にわたるチバガイギー（スイス・バーゼルに本拠地を置く化学・製薬会社）との関わりによって、私は、クライアント組織の文化的規範という観点から見て、支援のプロセスがさまざまに変わらざるを得ないことについて、多くを教わった。結局私は、自分がMITのヘル（ミスター）・プロフェッサー・ドクターであったために、融通の利かないレベル1の関係をいくらかと、CEOやその部下たちによって慎重に進められていたレベル2の関係をいくらか混ぜ合わせてチバガイギーと関わることにしたのだった。

CEOとのパーソナライゼーション

ボストンからのフライトはファーストクラスだった。一皿ずつサーブされる豪華な食事と、数時間の睡眠、そしてやはり贅沢な朝食という、快適この上ないフライトを楽しんだのちに、私はチューリッヒ空港に降り立った。出迎えてくれたのは、私の接待係で、経営開発部の部長であるドクター・ユルグ・ロイポルトだった。彼は一九七七年の会議で、キャリア・アンカー――同じ職業に就いている人たちでさえ、なぜその職業を一生の仕事にしたのかについての自己概念が異なることを示すもの（シャイン&ヴァン・マーネン、二〇一四年）――に関する私の研究発表を聞き、世界各地からチバガイギーの幹部が集まる今度の年次総会で講演してほしいと、私に依頼したのだった。

私たちは電話で和やかなレベル1の会話を重ね、それが今回の招待につながった。グループの会長兼CEOのサム・ケクランに会って近づきになり、私たちのあいだの「相性を試す」ことになったのである。ロイポルトの話によれば、ケクランはバーゼルの旧家の出身で、生粋のスイス系ドイツ人だったが、近頃はアメリカにある子会社で大半の仕事をしているため、アメリカ的な価値観をいろいろ身につけていた。そうした価値観の一つは、新たなアイデアを経営幹部たちに紹介することだった。

私は車でバーゼル郊外にあるドクター・ケクランの邸宅へまっすぐ向かい、ケクランの客として温かく迎えられた。その日と明くる日を、彼と彼の家族とともに過ごすことになっている。私はケクラン夫人に挨拶し、家族全員と夕食をともにし、その後ドクター・ケクランと長時間にわたって話をした。さらなる革新と創造性こそが、この会社が生き残るのに不可欠であると同時に、すべての幹部があふれるほど持っているべきものであることを、彼らに示す必要性についてである。彼が懸念しているのは、社内の科学者や起業家以外は誰も、自分が創造的になれると思っていないことだった。そのため、キャリア・アンカーについて学んだとき、アンカーのどのカテゴリーにおいても役割革新者になりうることに、彼はすぐさま注目した。私の講演では、あらゆる職務のあらゆるマネジャーに、創造と革新を行う潜在的な力がある点を強調してほしい、と彼は言った。

ケクランと計画タスク・フォースは、キャリア・アンカーの冊子にあるほかのエクササイズ――職務・役割プランニング――についても、講演のなかで紹介したいと考えていた。このエクササイズは職務に就いている人に対し、その仕事に期待する人を残らず確認すること、次いで役割の曖昧さや潜在的な対立がどこにあるかをみずから分析することを求めるものである。ケクランは私に次のように話した。トップ3の経営幹部には、総会後の一年でそうした分析を自分でしてもらい、さらにそれぞれの部下たちに対しても、年に一度キャリア開発について話し合う際の土台としてキャリア・アンカー・エクササイズをするよう促してもらうつもりだ、と。

そうしたことすべてを迅速に進めるために、ドイツ語を話すアメリカ人幹部にキャリア・アンカーの冊子を翻訳してもらおうということになった。英語が堪能ではないマネジャーが、総会に先立って読めるようにするためである。また、私の講演後には、最高幹部や社外取締役会長さえも含めた参加者たちに、ペアを組み、アンカーについて実際に質問し、答えて、自分たち自身のアンカーが何であるかを知ってもらおうということになった。

私たちの相性は抜群だった。そのため私は、その年の年次総会――引き続いて、四半期に一度の二日にわたるフォローアップ会議がバーゼルで行われる――に協力することを契約した。それから車で空港へ向かい、ファーストクラスでアメリカへ戻り、四カ月後の夏の総会を心待ちにした。

学び

●コンサルタントとして、私はとても大きな影響を受けた。ファーストクラスでのフライトもさることながら、CEOの自宅に招かれたことには特別な意味があった。正真正銘のレベル2の関係を築く機会となり、ケクランがこのプロジェクトで本当に求めているものがよくわかるようになったのである。私の考えとそれに伴うエクササイズを、組織の正規の業務プロセスにぜひ組み込みたいと思ってくれていることに、私は目を見はり、心からうれしく思った。

●アウトドアスポーツについてレクチャーし、それからグループに参加させることによって私をDECに引き入れたケン・オルセンと、自宅に招いて一晩泊めたのちに、私をグループに紹介し、私の仕事を活用したエクササイズを計画的に実践しようと考えたサム・ケクランとは、顕著な対照をなしていたが、これは組織文化について考えるうえで重要な第一歩になった。二社が全く違うことがよくわかり、加えて、ドクター・ロイポルトにはスイス人らしい形式ばったところがあったが、招待を受けてケクラン一家と一晩をともに過ごすなかでスイス人とて正反対の性質を持ちうることがよくわかった。このことから、いつどのように個人的に親しくなるべきかというルールは、国民文化によって全く違うものになる可能性があることを肝に銘じることになった。

夏の総会へ向けた、レベル1の形式ばった準備

スイスはトゥーン湖にあるリゾート地、メルリゲンで行われる夏の年次総会へ向かうまで、私はふたたびMITで数カ月を過ごした。そのあいだに、私の冊子を翻訳するチバガイギーのマネジャーの訪問を受け、同社についてもう少し詳しい知識を得ることができた。初めて会った彼はアメリカ子会社のシニア・マネジャーで、この子会社の売上げはチバガイギーの年間売上げの三分の一を占めているという。彼はさらに、三日にわたる年次総会を計画・企画・運営するマネジャーであるミスター・クンツが近く正式に訪ねてくることも教えてくれた。

ミスター・クンツは形式を重視する、注文の多い、なにかと細かい人だった。私は、講演の内容を文書で準備することになった。翻訳し、講演のときに配布できるようにするためである。チバガイギーの公用語は英語だが、出席者全員が堪能というわけではなかった。私はまた、OHPフィルムについても、やはり翻訳してもらう必要があるため、一カ月前に用意することになった。それから、総会の段取りについて簡単な説明を受け、三日間滞在できることと、三日目のレクリエーションを含めたほかの活動にも参加できることを伝えられた。レクリエーショ

ンの詳細な予定については、トップ・シークレットであり、当日のお楽しみということだった。

学び

●私はプロセス・コンサルタントとして仕事をしてきたため、何もかもが形式ばり、専門家としての役割に徹させられることに驚いた。また、ケクランのもっと個人的で打ち解けた対応とあまりにかけ離れていて、どうにも落ち着かなかった。講演をしたことは過去にもあったが、大企業の上級管理職が集まる国際色豊かな総会で、公式に行うエクササイズに関して午後いっぱいを管理する責任を負うのは初めてだった。過去の講演では、私は素早く反応し、浮かんだ考えを即実行することができた。しかし今回は、自分が関係するところであっても全く自由に動けなかった。彼らの観点からすれば、仕事とは、念入りに計画し、手際よく実行するものだったからである。それを変えることが自分にできないのは承知していた。ただ、こう思った。総会では、講演以外にもいろいろと役に立てるよう、自由度が広がってほしいものだ、と。

一回目の年次総会でのレベル1の支援

メルリゲンでは、私は「ＭＩＴから来た外部の専門家の教授」として迎えられ、途方もない尊敬をもって扱われ、世界のありとあらゆる人事関係や労使関係やキャリア開発について精通していると期待された。そのときは気づかなかったが、専門分野に関して何もかも知っていると思われたことは、チバガイギーの文化に存在する重要な前提を反映していた。すなわち、マネジャーは仕事を何から何まで完璧に管理できるはずだし、教授なら専門分野のあらゆることを知っているはずだ、という前提である。

講演も、ペアを組むのも、相互に質問して答えるのも、取締役会長を含めたすべての参加者にとって順調に進んだ。総会はその大半がキャリア・アンカーと職務・役割プランニングをテーマとして進められ、ケクランは総会に出席している五〇人ほどの最高幹部だけでなく、その部下たちも自分の仕事について職務・役割分析を行い、そのさらに下にいる部下たちにも同じことをさせるようにと指示を出した。部下にもキャリア・アンカーを探らせるよう促されたことにより、彼らと部下たちは、年に一度キャリア開発について話し合う際に、共通の概念と語彙を持つことになった。

私は食事をしながら幹部の多くと知り合いになり、主要国グループによる進捗報告などほかの活動に参加することによって、チバガイギーについてさらに知識を得た。最終日の午後から夕方にかけて行われ、参加者たちをあっと言わせた催しは、クロスボウ大会だった。一人としてうまくできる人がいないために選ばれた活動だったが、実は、グループ内の人たちが個人的に親しくなれるよう、意図的に計画されたのだった。互いの下手さ加減に大笑いしたのちに、私たちは特別な「トム・ジョーンズ・ディナー」に招待された。中世風に手で直接食べるため、またしてもみな一様に同じ低いレベルへ落ちることになった。ざっくばらんな会話が繰り広げられ、取締役会長が自分のキャリア・アンカーについてジョークを飛ばし、ビールやワインを飲んでほろ酔い加減になりながら私たちは仲間として一体感に浸っていた。

総じていえば、私の仕事を取り入れてもらうという観点からしても、専門家としてこのようなグループと仕事ができるという観点からしても、今回の経験は自尊心を飛躍的に高めることへつながった。ケクランは私に、三カ月に一度来ること、ドクター・ロイポルトとともに将来のキャリア開発問題に対処すること、社内取締役会のメンバーについてもっと知ること、明くる年の年次総会にも参加を予定しておくことをぜひ頼みたいと述べた。私は、三カ月に一度訪問する折に、事実上グループのCEOとして機能している社内取締役会のさまざまなメンバーに会った。みな親しげに、実にあたたかく迎えてくれたが、私の専門分野だと彼らが思っていることに関する意見や情報のほかには、いっさい支援を求めようとしなかった。

学び

- パーソナライゼーションの意味は、文化によって変わることがわかった。ケクランとの関係がレベル2にまで深まっていたのは間違いない。現状をどう思っているかや、目標を達成しつつあるかどうかを尋ねることができたからである。彼のほうも、もっと革新的になるか生産性の大切さを意識するかのいずれかを行わなかった場合の組織の未来について幹部の多くが否定的立場をとっているのだと、懸念を私に打ち明けることができた。

●専門家の役割という枠にはめられてしまったら、打ち解けた関係に進みにくくなることもわかった。個人的なことを話したり尋ねたりするのは不適切だと即断されてしまうからである。仕事を離れて一緒にクロスボウや食事をしているときでさえ、ほどほどの距離が保たれてしまうのを私は感じた。ともに笑ったり遊びに興じたりできているのに、彼らが互いのあいだでさえレベル1の関係を慎重に保っているのも、はっきりと感じた。

二回目の年次総会で大がかりなリストラを支援する

キャリア・アンカーと職務・役割プランニングをいっそう推し進めるために、私はふたたび夏の総会に参加したが、今回求められている専門家の役割は前回とは異なるものだった。ケクランと社内取締役会は、大規模なリストラを実施するのが妥当だと判断していた。それは、化学部門の大幅な縮小と、製薬部門の強化、そして全子会社における大々的なレイオフなど、コスト削減のために人事面でのてこ入れが始まることを意味していた。

社内取締役会は、会社の財務状況の重大さを上級管理職たちが理解できていないと思っていた。そのため、社外取締役会のメンバーの一人であるハーバード・ビジネススクールの教授に、今回の総会に出席して、会社が危機に直面しており、大規模な変革プログラムを始める必要があることを、上級管理職たちに認識させてほしいと依頼した。私が頼まれたのは、この教授が依頼された内容を上級管理職に説明したあとで、ではどんな行動を次にとれるのか、それを彼らが理解できるよう、変革プロセスのプロセス・モデルを提供することだった。

変革について話をしたのちに、私はグループを少人数の問題解決チームに分けて、変革に対する目標設定の仕方と、目標へ向けた取り組みに影響をもたらすものについてのフォース・フィールド（力場）分析の仕方を学んでもらった。それから各グループの発表を検討し、次いで、いつものモデルを使って、変革についての彼らの考えを整理した。レヴィンの変革モデルに手を加えたものであり、個人、グループ、組織の変革を分析するなかで私が独自に考え出し（シャイン＆ベニス、一九六五年。シャイン、二〇一〇年）、文化変革プロジェクトで効果を発揮してきたモデルを存分に使ったのである。ここで私は専門知識を活かし、次の五点について、実際に役立つステップを提供した。(一) 望ましい変化を促進する力と抑制する力を分析する。(二) 変化をアダプティブ・ムーヴとして考える。(三) 変革に向けて目標を設定する。(四) その目標を、変革を実現するための集中的なプロジェクトに組み入れる。とくに重要なステップとして、(五) 変革が現実的に可能であるという、いわば自信を生み出す。

よいアイデアがたくさん生まれ、それが共有されると、再編成は可能だと管理職グループは納得した。しかし各地域の支社は、バーゼルにある本社の人員が過多であること、本社でも徹底して削減すべきであることに注目した。社内取締役会はグループから出されたすべての意見を受け容れ、それらを二五のプロジェクトに分けた。プロジェクトはそれぞれ、役員メンバー一人と選り抜きの管理職から成るタスク・フォースによって進められた。

三カ月に一度訪問すると、私は、社内取締役会がそうしたタスク・フォースを管理するのを支援した。実質的にプロセスの専門家兼コーチになって、即決を要する個人の、そしてグループの問題解決を手助けしたのである。また、タスク・フォースのリーダーが、必要と思われるコーチング的支援をもたらすときも常に手助けすることができた。たいてい二、三時間にわたって話をし、プロジェクト・グループの運営について、じっくり考えたり、修正したり、ときには提案したりしたのだ。

訪問を続けるうちに、組織文化の別のさまざまな側面によって、「支援として容認できるのは外部の専門家もしくは上司からの専門的な情報だけだ」という根深い前提が表面化し、いっそう強固になった。単に支援を求めることは、仕事が満足にできない証拠だと考えられていたのである。それが顕著に示されたのは、ある人とすれ違ったときだった。何時間にもわたってタスク・フォースの運営の仕方について話したことがあったのに、彼は会釈しただけで、私のことなど知らないかのように、そのまま通り過ぎようとしたのだ。外部のコンサルタントと話すことは、能力の低さ――絶対に見せたくないもの――の表れだと同僚に見なされてしまうのだと、ドクター・ロイポルトは説明した。
　同様の文化的側面を示す出来事がもう一つあった。人員削減の方法について多くのマネジャーと話をしたが、上手に事を進められるマネジャーは、リストラの対象者である旨を、相手に必ず個人的に伝え、本当に役立つ支援を申し出ることによって埋め合わせをしていた。私はこれを「人員削減に関する覚え書き」として詳細にまとめ、必要としているかもしれないほかのマネジャーたちに配布してほしい、とドクター・ロイポルトに依頼した。ところが、三カ月ぶりに訪ねたある日、一人のマネジャーに助言をするうちに、次のような会話を交わすことになった。

マネジャー▼またお会いできてうれしく思います、シャイン教授。ご存じのように、われわれは多くの社員を解雇しなければなりません。どのようにするのが最もよい進め方だと思われますか。

シャイン▼人員削減に取り組むすべての人に役立ちそうなアプローチを見つけたので、覚え書きを書いておいたのですが、読んでいませんか。御社のマネジャーたちを見ていて私がなるほどと思ったことをもとに、まとめたものです。

マネジャー▼いいえ、あいにく。

シャイン▼前回来たときに、ドクター・ロイポルトに預けておいたのですが。

マネジャー▼すぐに彼のオフィスに電話をして聞いてみます。

（彼は秘書に電話をかける）

マネジャー▼フラウ（ミセス）・ベック、ドクター・ロイポルトのオフィスに電話して、人員削減に関するシャイン教授の覚え書きのことを尋ねてみてくれ。

（数分後、折り返し秘書からかかってくる）

秘書▼たしかに預かっているそうです。すぐに誰かに持っていかせます、とのことでした。

私たちは話を続けたが、一〇分としないうちに私の覚え書きが届けられた。いったいなぜ、もっと早くにこのプロジェクト・マネジャーのもとへ送られなかったのだろう。

話をしたほかのマネジャーたちも、覚え書きなど見たことがないとのことだったため、私としてはどんな理由で配布されなかったのかと首を傾げないわけにはいかなかった。そこで、チバガイギーの社内組織コンサルタントの一人と夕食をともにしたときに、この件について尋ねてみた。彼はすぐに、自分も似たことを経験したと答えた。ある部署のマネジャーのために訓練プログラムを開発していたときのこと、効果的なプログラムなのに、ほかのマネジャーは誰もそれを知らないようだったというのだ。階層や同僚の境界を超えて、情報がもっとスムーズに流れないのはなぜなのだろう。

同業の友人の分析によれば、これは独特の規範が社内で作用している結果なのだという。「私の仕事は私の帝国だ。完璧に管理できているし、頼みもしない支援など結構だ。私の仕事のやり方について要らぬアドバイスをするのは、招待されたわけでもないのに家に上がり込むのと同じだ！」という規範である。

そのとき私は気がついた。ドクター・ロイポルトに「この覚え書きを配布してほしい」と依頼したとき、私は彼に、チバガイギーでは文化的に不可能なことを頼んでいたのだ、と。求められたわけでもないのに覚え書きを与えることによって、多くのマネジャーの気分を害するリスクを冒してほしい、と私は頼んでいたのだ。

その後、同業の友人と私はこうした「文化的遺物」をすべて解読し、自分の仕事は自分の天下だという意識と、そのまわりに壁をつくることによって、主に次の二つの結果が引き起こされるという結論に達した。（一）マネジャーは、自分の仕事を万事そつなくこなし、完璧に管理するようになる。（二）イノベーションや指針、チェックリストなど、「支援」となる諸々についての情報が伝わらなくなる。この手の情報というのは、経営陣がシステムの隅々にまで強制的に行き渡らせないかぎり、全員には伝わらないのだ。

こうした結果を突きとめたところで、私はもっと違った成り行きになっていた可能性に思い当たった。もしこの規範を知っていたら、私は、この人の役に立つのではないかとロイポルトが思う人たちの住所リストを彼から受け取り、ＭＩＴから覚え書きを送ったかもしれない。マネジャーたちからは大変な感謝を示されただろう。なぜなら、結局のところ私は雇われた専門家であり、それが彼らに、払った報酬分に見合うだけのものを得たという感覚を与えるからである。彼らは、私が直接するアドバイスは受け容れるが、私の覚え書きがロイポルトから渡されたら、手助けが要る人間だとロイポルトに思われていると感じてしまう。そしてそれは彼らにとって容認できないことなのだ。文化は知らず知らず作用するため、こうしたプロセスの全体にロイポルトは気づかなかった。そして、「覚え書きを配布する」というのは、マネジャーの誰かが欲しいと望んだ場合に備えて用意しておくこと、の意味だと解釈したのだった。

二回目の年次総会でも、最後に楽しい催しがあった。今回行われたのは「ホルヌッセン」というスポーツだ。ゴルフ練習場のようなところで鉄のボールを打って飛ばすのだが、打つ道具は固く短い棒（バット）で、棒の先に二フィートほどの長さの革紐、さらにその先に重りがついている。とりあえずボールに当てようとしても、それさえ、ほぼ不可能であった。

学び

● ほどほどの距離を保つレベル1の関係が、どれほど支配的で、行動を制約する、扱いにくいものであるかが、よくわかった。レベル1の関係では、アドバイスするのはたやすいが、マネジャーたちが本当はどんな問題を抱えているのかも、ひいては自分のアドバイスが役に立つのかどうかも、わかったと思えたことは一度もなかった。

● 実態を捉えにくい文化の要素のなかには、詳しく観察してなお、外部の人間には理解できないものがあることもわかった。ドクター・ロイポルトと、さらには組織開発（ＯＤ）を研究している友人に尋ねるまで、私は自分が目にしている行動のいくつかをどうしても理解できなかった。民族誌学者（エスノグラファー）が学んだように、文化を本当に理解するためには、内部の情報提供者を得る必要があるのだ。

三回目の年次総会と文化についての講演での大混乱

二度目の訪問の終わり頃に、チバガイギーの文化をよりきちんとした形で詳しく調べてほしいとケクランから依頼された。グループの人たちに自社の文化をもっとよくわかったうえで変革プロジェクトを実行してもらいたいという強い思いからだろう。それは内容的に私を虜にする特別なプロジェクトだった。というのも、研究したいと最も関心を引かれるのが、組織文化になってきていたからである。ケクランは素晴らしい贈り物をくれようとしていた。彼の組織を研究し、わかったことを一九八一年の年次総会で発表して、変革プロジェクトにとっての意味を引き出してほしい、とは。なんと素晴らしい機会だろう。しかし、あとでわかったとおり、思いがけず困難な状況に陥ることになってしまったのだった。

私は、チバガイギーの人々をそれと気づかぬうちに動かす重要な前提についてはかなりよくわかるようになり、また、そうした前提がこの会社の歴史とスイス・ドイツ文化にどのように関連しているかも理解できるようになった（シャイン、二〇一〇年）。形式を重んじるところや綿密に計画するところは明らかに、一つには化学薬品や生物学的製剤を扱うがゆえの制約に、また一つには国民文化としての几帳面さ——チバガイギーの全マネジャーがスイス軍での兵役期間中に身につける規律正しさによって、いっそう強固にされる几帳面さ——に関連していた。そしてこれらすべてをいよいよ強固にするのは、世の中のために価値ある仕事をしている重要な企業であるという自己イメージであった。私が数々の具体例を示しながらそうした分析を発表すると、大勢の聞き手が頷くのが見えた。よもや、頷かない人がいるとは思わなかった。しかも、社内取締役会の上級管理職たちがそうした「頷かない」人たちのほうに入っており、いくつかの点について、とりわけスイス軍と関連しているという私の見解に関して、かなりムッとした様子をしていたのである。

質疑応答の時間に、彼らの一人が言った。「シャイン教授、あなたは完全に思い違いをしている。軍隊のこともチバガイギーの文化のことも、あなたは全く理解していない！」彼の意見に賛成する人もいれば反対する人もいて、あちこちで議論が始まった。と思うと、たちまち会場は真っ二つになってしまい、とうとう取締役会のメンバー数人が、今後私がコンサルティングを行うのは経営開発グループのことだけにしてはどうかと提案した。何人かの主要メンバーの目に、私が専門家としての役割を果たせなかったと映ったのは明らかであり、また残念なことには、管理職グループのなかで意見が二極化したために、変革プロジェクトと関連してどんな文化的テーマを考える必要があるのかについて、それ以上真剣に議論されることはなくなってしまった。

のちに私は、世界規模の変革プログラム運営委員会のおかげで、「プロセスの専門家」の役割を少し回復することができた。この委員会には社内取締役会のメンバーが何人か所属していて、私の理解はそのとおりであり、すでに進行しているおよそ二五の主要な変革プロジェクトの運営について引き続き支援してもらいたいと思ってくれたのだった。

そうこうするうちに、ケクランが健康を損ね、経営者として現役を退いたため、社内取締役会には強力なリーダーがいなくなった。新たにそのポストに就いたのは、科学的な考え方をする年配のスイス人ではなく、文化に対する私の分析に賛同してくれる人だった。そして、私にこれまでどおりさまざまな立場で仕事をさせるという意向を、彼は取締役会に提案し、説得してくれた。

また、本社の人員削減は急速に進められ、ドクター・ロイポルトも対象になった。しかしチバガイギーには、従業員を支え、思いやる姿勢がきわめて高いという文化的要素もあるため、いきなり解雇するようなことはしなかった。そうした状況がいくつか合わさった結果、ロイポルトには、コンサルタントという立場で残り、上級管理職のキャリア開発の一環として早期に海外勤務をする影響を研究してはどうかという提案がなされた。分析してもらう統計的・歴史的データなら山ほどあったのだ。このプロジェクトに関して私がコンサルタントとして果たした役割は、「科学的方法を用いるアドバイザー」だった。「その研究が形式的・科学的基準を満たしていることを確認し」、ロイポルトの後任として経営開発部長になったジョー・ウェルズと協力して、非公式にプロセスを管理したのである。ウェルズは形式ばったところのほとんどないカナダ人で、私はそれから数年のあいだ、前任者よりはるかに個人的なレベル2の関係を彼と築くことになった。

学び

● 主に「内容の専門家」としてチバガイギーに協力することは受け容れてもらえたが、文化についての講演では、私はいつのまにか「医者」の役割へと転じ、組織について診断を行っていた。それは、彼らが慣れているのとは違う介入であり、組織のさまざまなメンバーからさまざまな反応が起きることになった。私は心に誓った。今後、文化が関連するときは必ず、内部の人たちがみずからを診断できるよう手を貸すことにしよう。クライアントである組織に、その文化について話すなどという過ちは二度と犯すまい、と。

● 数年後、同じようなことがふたたび起きた。アメリカにあるチバガイギーの子会社から、バーゼルで起きていることをもっとよく理解するために、「バーゼルでの講演」――私が見聞きした情報を盛り込んだ講演――をアメリカのグループに対しても行ってほしい、と依頼されたときのことである。アメリカのグループは、みずからについての自分たちの見方と、私が述べることとが一致するのかどうかに関心を持っており、結果としてショックを受けることになった。私が分析を発表したのちに、彼らは言った。「なんてことだ、あなたが述べたことはまさしくわれわれのことだ」。彼らは、チバガイギーの企業文化がどれほど強力にアメリカの子会社にも影響をもたらしているか、気づいていなかったのだった。

● スイス・ドイツ文化、および化学を土台とする企業のなかで仕事をすることにより、ひとくちに企業といっても実のところ千差万別であることが浮き彫りになった。チバガイギーでは次の五つの影響を目の当たりにした。(一) 国民文化。(二) 仕事に対する捉え方の違いが絡み合ってもたらす影響。(三) 経営サイドに深入りするリスク。(四) 会社の歴史およびバーゼルの上流階級の影響。(五) 合併を経験したこと。私はチバガイギーと並行してDEC――素晴らしい成功を収めたアメリカのコンピュータ新興企業――とも仕事をしていたが、これほど対照的な例を目にしたのはこれが初めてだった。

●この対照が最もはっきり現れたのは、私の役割のあり方だった。DECは抱えている問題を何が何でも解決しようと思っており、私に対して、刺激剤であり、触媒であり、支援者であり、仲介役であることを求めた。そのため私は舵取りをし、プロセスの変更を促した。一方、チバガイギーでの私は、キャリア開発の専門家であり、教授であり、講演者であり、さまざまな知恵を分け与える人間だった。彼らは私がそうした役割を演じ続けることを期待し、私の専門知識が足りないと思ったら、いつでもコンサルタントをやめさせるつもりだった。ただ、私はこのことも、チバガイギーで学んだ。さまざまなグループ・ミーティングで、また個人を対象にしたコーチング・セッションで、私が謙虚なコンサルタントとして行動すると、彼らにもその役割がきわめて有用であることがわかるのだ、と。もっとも、そうした場で私が役割を変えていることに、彼らが気づくことはなかった。

CASE11
エグゼクティブ・コーチングの難しさ——クライアントは誰なのか

チバガイギーおよびDECとの仕事は大半が、組織においてなんらかの役割を担う個人をコーチングすることだった。彼らは個人のクライアントだが、私が彼らを支援していたのは、地位のより高い人たちとのあいだで共有される組織の計画を実現するためだ。しかしながら、組織にとっての最良が、私がコーチングしている人にとっても最良であるとはかぎらなかった。そのクライアントに可能な、かつ、その人にとってもより大きな組織のプロジェクトにとってもよい結果を生むアダプティブ・ムーヴについても、すんなり見つかるときばかりではなかった。こうしたぶつかり合いが起きやすいのは、「エグゼクティブ・コーチング」が関係する場合である。

私はジョーンのスーパーバイザーを務めていた。エグゼクティブ・コーチである彼女とは共同で仕事をしたことがあり、すでにレベル2の関係にある。その彼女から力を貸してほしいと依頼されたため話を聞くと、ある上級管理職《シニア・エグゼクティブ》のコーチングを組織に頼まれたのだが、そこでぶつかっている困難についてじっくり考えたいのだという。コーチングを受けるクライアントのマークは、有望なエグゼクティブだ。しかし上司からは、思うほどの成果を上げず、組織の目標や仕事に不熱心で、家庭にいる時間が長すぎると思われていた。

そんな上司のために人事部が雇ったのがジョーンだった。職場にいる時間を増やし、仕事に打ち込む姿勢を見せるよう、マークにコーチングをしてほしいという。ジョーンは、マークのあらゆる業績データを受け取り、マークに何度か会い、そして今、困難に直面していた。私との会話で、ジョーンはまず、マークに初めて会ったときにどのように対応したか、様子を詳しく述べた。

ジョーン▼マーク、ご承知と思いますが、私はあなたのコーチングを依頼されました。このことをどう思いますか。あなたの上司はなぜあなたに、コーチングを受けるように言ったのでしょうか。

これが、謙虚な問いかけと診断的な問いかけを合わせたものであることに注目してほしい。

マーク▼上司は、私がここでの仕事にあまり熱心ではないと思っているようです。正直言って、理解できない。私は真剣にやってますよ。

ジョーンは上司からこんなことも聞いていた。職場にいてひときわ熱心に仕事をすることも、打ち込んでいる姿勢を見せる手段なのに、そのことにマークは気づいていないようだ、と。ジョーンは、謙虚な問いかけを続けてマークの話をひたすら聞くこともできたが、そうはせず、「家にいる時間が長すぎる」問題を掘り下げて、パーソナライゼーション・プロセスを速めることにした。

ジョーン▼あなた自身のこと、つまりあなたの家庭生活について、少し詳しく話していただけますか。結婚されていますか。お子さんはいらっしゃいますか。

マーク▼ええ、高校生の子どもが二人いて、家族で幸せに暮らしています。妻は仕事が忙しく、出張が多いので、子どもと過ごす責任は私もいくらか負っています。昔、二人で決めたんです。できるかぎり、ナニー（母親に代わって子育てする女性）もベビーシッターも雇わないでおこう、と。だから家庭で果たすべき義務を私も分担しているんです。でも、言っておきますが、私はこの仕事が好きですし、真剣に取り組んでいますし、すべて予定どおりにこなしています。なぜ熱心さが足りないなどと思われるのか、わけがわかりません。

ジョーンは、マークが職場にいる時間が少ない理由を知るために、家庭生活について詳しく述べるよう促そうとしていた。そのまま問いかけを続けることもできたが、ジョーンは自分のことを少し打ち明けることによってパーソナライゼーションをさらに進めることにした。

ジョーン▼あなたの状況はよくわかります。私のパートナーも多忙を極めていて、私の仕事と私生活が二人にとって妨げになっていたことがあるのです。私が仕事に時間を使うことにパートナーがいい顔をしなかったので、私は自分のスケジュールの組み方を変えることにしました。あなたがどのように時間を割り振っているのか、仕事と家庭の時間配分の仕方をどのように決めているのか、もう少し詳しく話していただけませんか。

このアプローチは「急速なコーチング」と呼ぶべきかもしれない。マークの性格やこれまでの人生についてあまり探らず、コーチングを受けている主な理由の一つ――職場にいる時間が短すぎること――にただちに移ったためである。

マーク▼じゃあ、妻のことを少し話しましょう。妻はコスタリカの出身です。カトリックの大家族に生まれ、家族に対する務めをなにより大切にする環境で育ちました。誰かの誕生日だとか、娘が芝居に出るとか、息子が試合でプレーするとか、そういうとき私たちは必ずその場にいるようにしています。息子の試合を見るために少し会社を抜けなければならないときは、仕事を完璧にこなし、行き先と理由を上司に言います。私の優先順位については、上司は理解してくれているものと思っていました。

ジョーン▼奥様は家族に対する思いがとても強いのですね。そしてあなたもそうなのでしょう。

マーク▼妻はそういう生い立ちなので強いと思いますが、私はそこまではありません。ただ、妻は出張が多いものですから、私としては彼女の価値観を尊重し、できるときは私が家のことをしようと思っています。

ジョーン▼お子さんの行事を見に行けないことについて、奥様はどのように対応しているのですか。

これは、妻の状況についてさらに詳しく知るための、循環的な問いかけだった。

マーク▼悩むこともよくあります。ただ、少なくとも父親か母親のどちらかが行けるなら、彼女の価値観を満たすことになると、わが家では考えています。

どんなコーチングだったのか詳細を聞きながら、ジョーンがいくつかのステップを飛ばしていることにはむろん気がついた。ただ、マークが答えるたびに、ジョーンが関係の程度を確かめ、もっと示唆的になれる時機を計っているのは明らかだった。やがて、互いに信頼し合い、レベル２の関係を築けたと感じると、ジョーンは、家庭におけるマークの義務の引き受け方が受動的すぎないかどうかや、仕事に割く時間を増やすことに前向きになるには何が必要なのかを見きわめるために、より直接的な提案をした。

ジョーン▼将来的に、もしかしたら会社にいる時間を増やすように言われるかもしれないことを、奥様に話そうと思ったことはありますか。

マークが会社にいる時間が短すぎるという意見が、未来の状況に置かれていることに注目してほしい。きちんと仕事をやり遂げていることを根拠にして、職場にいる時間が足りないことをマークが頑なに否定する事態にならないようにするためである。

マーク▼長くいなければならない理由がわかりません。今の時間で十分、すべての仕事をやり遂げられているのに、いや、それ以上のことだってやろうと思えばできるのに、なぜもっと長くいる必要があるんですか……。

ここで、コーチのジョーンは根本的な選択を迫られることになった。マークの考え方を変える会社の必要性を追求するのか、それとも、たとえそれがこの会社でのキャリアの終わりを意味するとしても、職場にいる時間は短いが仕事をしっかりこなすというマークの必要性を追求するのか、そのいずれにするかの選択である。この二者択一の結果によって、マークに、時間の割り振り方について妻とあらためて話し合い、仕事の比率を高めさせることになるなら、ジョーンのコーチングは、クライアントを組織に順応させる、洗脳に近いものになる。あるいは、現在の時間配分を認めることによって、マークに人生を見直してもらうことを選択するなら、ジョーンは組織に支配されにくいキャリア・カウンセラーということになる。

ジョーンはさらに、マークがコーチング自体に疑問を投げかけたために、ますます事態がややこしくなったことを話した。

マーク▼一つ知っておいてほしいのは、私の上司が時間的なことについてとかく一貫性に欠けている点です。仕事をやり遂げるように、とは私はいつも強く指示されますが、具体的に何時から何時まで会社にいるように言われたことはありません。私より長く職場を抜ける社員だっているのに、私にだけあれこれ言うのは不公平だと思います。私は仕事をきっちりこなしているんですから。コーチに会わなければならない理由も理解できません。

ジョーン▼このコーチングも不公平だと、あなたは思っているわけですね。

マーク▼絶対的に不公平です。上司についてはほかにもいろいろありますよ。えこひいきだし、伝えるべきことを伝えないし。さっきも言いましたが、上司は「マーク、九時から五時までオフィスにいなさい」と私に指示したことはありません。なので、こんなふうにコーチングを受ける理由も、自分のどこが間違っているのかも、まるでわかりません。

以上の話を受けて、ジョーンと私は共同分析へ移り、マークに次のように尋ねることによって、強引に決着をつけるべきかどうかをじっくり検討した。「もし上司があなたにはっきり要求していたら、つまり、オフィスにいる時間が短いのが問題だ、なぜなら仕事に打ち込んでいるように見えないからだと（私に話したように）言っていたら、あなたはその要求についておそらくどのように対処していましたか」

この質問にマークがどう答えるかで、コーチングの方向性、すなわち、会社の要求に合うようマークに変わってもらうのか、それとも、どこかほかの会社へ移って生きていくべきかどうかをマークが判断するのを手伝うのかが決まることになる。これについては、私たちの意見は一致していた。ただ、ジョーンはここへ来て、新たな悩みにぶつかっていた。上司についてマークが思っていることは、本当に正しいのだろうか。

突如として、一体誰がクライアントなのか、誰のためにジョーンは仕事をするのか、よくわからなくなってしまった。ジョーンに仕事を依頼したのは会社だが、だからといってマークの上司や人事部が求めることを尊重して当然ということにはならない。ひょっとして、コーチングが必要なのはマークではなく上司のほうなのだろうか。ジョーンは、組織全体をクライアントとした場合に、より利益があるのは、マークに「変わってもらう」ことなのか、マークを会社から救い出すことなのか、それともマークにはっきり指示を伝えない上司と一揉めすることなのかをよく考えなければならなくなった。不意にその仕事は、解決策のない、いくつかのアダプティブ・ムーヴがあるだけの、複雑で厄介な問題の一つになったのだった。

次に話したとき、ジョーンは状況について次のように述べた。オフィスにいなければ意欲がないと見なされるのだとわかっているのかどうかマークに尋ねたところ、仕事をきちんとやり遂げていれば家に帰っても何も問題はないという考え方を変える気がないことがわかった、と。ジョーンは、マークが今回の問題について自分の考えを曲げないのを――それによってマークは転職先を探すことになるが――後押しすることにした。といって、マークの上司と一揉めするつもりはなかった。ジョーンとしては、誰かを「正す」ためにエグゼクティブ・コーチとして雇われるのは洗脳の片棒を担ぐみたいに思えたし、そんな状況で自分が本当に役に立つとは思えなかった。そのため、クライアントの必要性を最優先にして仕事をする権限をこの会社から明確に与えられないのであれば、このようなコーチングの仕事を引き受けることはできない、と手を引くことにしたのだった。

学び

●この事例からわかる最も重要なことは、もしジョーンが会話を個人的《パーソナライズ》なことに踏み込むものにしなかったら、マークについてもその上司についても、本当に起きていることは決して明らかにならなかっただろうということである。マークと同じ苦境を自分も経験したとジョーンが話したから、家族に対するマークの価値観こそが状況に影響をもたらしているのだとわかったのだ。わけても重要なのは、上司をどう思っているかやコーチングを受けること自体を不公平だと感じていることを打ち明けられるほど、ジョーンが最終的にマークから信頼を得たことである。

●二つめに得た学びは、ジョーンがぶつかったような困難の場合、解決策が簡単には見つからないことだ。今回組織で起きていた面倒な状況では、関係者の認識がまちまちで、そのためにとるべき行動の方向性がよく見えなくなってしまった。ジョーンは自分の価値観を多少頼りにしながら、（最終的に会社を支援することになろうとも）マークと上司の複雑な状況をもっと掘り下げるべきか、それとも、（会社を辞めることになろうとも）マークが問題に決着をつけるのを支援すべきかを判断せざるを得なかった。

●三つめに得た学びは、クライアントが誰かという問題はきわめて複雑になる可能性があること、そして、クライアント組織の必要性が部署ごとに異なるため、部署が違えば求められる対応もそれに応じて変わるケースが珍しくないことだ。もしジョーンが、マークの上司にもう一度会って、何が起きているのかをさらに尋ねたら、この上司と、組織のほかの人たちとのあいだに生じている一連の問題が――ジョーンが解決できる問題ではなかったかもしれないが――、新たに多数、明らかになったかもしれないのだ。

CASE12 パーソナライゼーションに関するばつの悪いミス

地方のあるハイテク企業の製造部長から、こんな依頼を受けたことがある。製造会議に同席して、会議をもっと実りあるものにするために必要なことがあればアドバイスしてほしい、という。私は会議に同席し、これはと思う場面があれば直接、介入した。あるいは、会議が終わったあとで、どうすればもっと効果的であったかについて製造部長をコーチした。私は会議をいちばんのクライアントに、部長のことはその次と考えた。しかし今にして思えば、私はそのグループで、専門家とは名ばかりの役目しか果たせなかった。

何度か会議を見た私は、あるメンバーがほとんど黙ったままであることに目をとめた。発言することもときにはあるが、彼がひとこと意見を述べて話に参加しても、その意見はほとんど取り上げられずじまいだったのだ。これはいけないと私は思い、発言の度合いがもっと公平になったら会議の生産性がぐっと上がるかもしれないと指摘しようと考えた。私はそのメンバーが発言し、しかしいつものように無視されたタイミングをとらえて、今何が起きたかをグループに指摘した。ところが、戸惑ったような気まずい沈黙がメンバーのあいだに広がり、議長は私に形式的に礼を述べただけで、次の議題へ移ってしまった。

会議が終わると、議長は私を脇へ連れ出して説明した。意見を取り上げられずにいたメンバーはジョーという名前で、かつて技術面で社史に残る大きな貢献をした人だが、軽い脳卒中を起こし、以前ほどの仕事ができなくなってしまった。しかしどうしても働く必要があったし、今なお社内で愛される人物でもある。そのため、彼の処遇について経営陣はいくつかの選択肢を検討し、製造会議に「しばらくとどまって」もらおうということになった。そこでなら、彼のアイデアがたとえ今ではかなり時代遅れだったとしても、誰もが彼に敬意を払うからである。実際ジョーは、役割と仕事と居場所があることを喜んでいるようだし、自分の考えがめったに取り上げられなくても気にしていないようだ――。私の介入に、ジョーもほかのメンバーも困惑するよりほかなかった。自分たちの行動を説明すれば、さらに困惑することになるからだった。

学び

- なにげない風を装った質問が特定の人をさしている場合、パーソナライゼーションを使った強力な介入になる場合がある。しかし、そうした質問がグループ内の見えない力を暴いてしまうと、とんでもない害をもたらす可能性がある。私の介入は、グループが解決して久しい問題を表に引きずり出してしまった。意図したのは、ジョーにグループに加わってもらうことであり、ジョーとグループの関係を打ち解けたもの《パーソナライズ》にすることだったが、実際にはジョーの役割をはるかにちっぽけなものにしてしまっただけだった。ジョーとグループには互いに依存し合う領域がなかった。そのため、両者のあいだではレベル1の関係が完璧にうまくいっていたのだった。
- クライアントに確認せず、自分の勝手な考えだけで行動してはいけない。私は、ジョーの意見がいつも取り上げられないのはなぜなのかを、会議のあとで議長に尋ねるべきだった。

そうすれば、目にしたものを気にせずにすんだはずだった。

● パーソナライゼーションはすればするほどいい、などと決めつけないこと。相互依存の関係が存在しない場合には、多くの関係がレベル1のままできわめてうまくいくのだ。

まとめと結論

第4章では、パーソナライゼーションが最初に言葉を交わす瞬間から始まることを中心に述べた。続くこの第5章では、パーソナライゼーションにまつわる人間関係の問題や文化的な問題を分析し、コンサルタントあるいはクライアントにとって関係を深めるタイミングはいつが望ましいかという問題をさりげなく提起した。事例に示されているとおり、パーソナライゼーションによってレベル2の関係を築くことはいつも必要だというわけではないが、問題が複雑さを増し、依存し合うようになればなるほど、レベル2の関係を築いてコミュニケーションを図る重要性は高くなる。

また、関係をレベル2に深める必要があるのは、支援の仕方を決めるためでもある。すると、クライアントに必要なのは特定の専門家か「医者」であり、謙虚なコンサルタントが支援できるものではないことがわかるかもしれない。もしいくらかでも個人的に親しくなれないなら、そしてレベル2の信頼関係をいささかでも築けないなら、取り組むべき問題に取り組んでいるのかどうかも、今行っている支援が本当に役立つのかどうかも、判断できないだろう。詭弁を弄しているわけではなく、関わることになった状況については、実のところ、即断即決の診断が絶えず必要とされるのである。

事例からわかるとおり、組織の複雑な状況においては、気がつけばクライアントが幾人にもなって、謙虚なコンサルティングが必要な人もいれば、専門的な支援だけを必要としている人もいるという事態がしばしば生じている。そうした専門的な支援は、クライアントが進もうとするプロセスの至るところで必要とされることが多く、結果として、クライアントが考えたことがないかもしれない行動を含むアダプティブ・ムーヴを、謙虚なコンサルタントが提案しなければならない場面がしばしば発生する。次章では、そうしたプロセス・ムーヴをさらに詳しく掘り下げよう。

読者への提案

職場の仲間を一人か二人誘って、次の問いについて考えてみよう。「コーチングなどによって誰かを支援しようとしている場合、具体的にどんな方法を使えば、親密になりすぎることなく、もっと個人的に親しくなりたいという希望を伝えられるだろう」。具体的な例を考え、詳しく述べよう。目的は、適切なパーソナライゼーションとは何か、境界を超えるのはどんなときかを、発想豊かに探求することである。

6 謙虚なコンサルティングはプロセスに集中する

The Humble Consulting Focus on Process

建設的なレベル2の支援関係を保つには、内容の誘惑を追い払うことがおそらく鉄則である。内容に関して、実行可能かつ有用な提案を外部の支援者が考えつく可能性は、私の見るかぎり、きわめて低いのだ。ただ、「共感」と「内容の誘惑」を混同してはいけない。共感は、クライアントの状況を理解することであり、同情を意味する場合さえあるが、支援者はそのクライアント自身ではないので、どんなことをすればクライアントの文化でうまくいくのか答えを見つけることはまずできない。一方で、クライアントが求めるものがわかったら、支援者とクライアントは力を合わせてアダプティブ・ムーヴを探せるようになる。また、その段階になれば、支援者はプロセスに関して役立つ考えが浮かび、提案できるようになる。

ここで重要な疑問が浮かんでくる。謙虚なコンサルタントは、力になりたいという積極的な気持ちと、好奇心と、思いやりをもって関係を築くが、ほかにも何かプラスになるものをその関係にもたらすのか、という疑問である。私の経験では、次のように答えるのが適切だと思われる。支援者のほうが対人関係、グループ、組織の各プロセスについて多くの経験があるし敏感だ。そして謙虚なコンサルタントのトレーニングと経験が最も役立つのは、さまざまなアダプティブ・ムーヴがそれぞれどんな結果を生むかをクライアントが考えるのを手伝うときである、と。組織開発や経営コンサルティング、あるいはコーチングのトレーニングを受けてきた人なら、ものごとにはさまざまな考え方ややり方があることを示す例に数多く出会うことになる。まさにこの点に関して、クライアントは身動きがとれなくなっている場合がある。どんな目標を達成したいのかははっきりしているが、達成するための方法や、あるいは始め方さえもが、よくわからないのである。

問題を再構築する事例

CASE13 アルコア・オーストラリアの人々を動かした一つの質問

あるときアルコア・オーストラリアから依頼を受け、その本社でキャリア・アンカーについて管理職グループとワークショップを行い、続いて、CEOおよび経営幹部らと昼食をともにした。CEOがMITのスローン・フェローだったため、私はすぐに彼とレベル2の仕事関係を築くことができた。さて、話はランチが始まってからのことになる。

CEO▼エド、食事をしながら、少し仕事の話をしたいのですが。

シャイン▼かまいませんよ、どうぞ。

CEO（テーブルの幹部たちに向かって）▼知ってのとおり、管理部長のポールがもうじき退職する。後任の人事をそろそろ考えるべきだ。この件についてちょっと話したいんだが、スティーブに次の管理部長になってもらうのはどうだろう。

財務部長▼スティーブは優秀です。しかし、彼が管理部長になるというのは、何か少し違う気がします。なぜなのかはよくわかりませんが。

CEO▼候補者として一押しではない、と？

事業部長▼いえ、もちろん最有力です。ただ、私も引っかかるものがあります。どこがと言われると困るのですが。

CEO▼アルはどう思う。きみはいろいろな役職とつながりがあるな。

アル▼スティーブは素晴らしい人物です。ぜひ後任になってもらうべきですが、違和感を覚えるという意見があるのが気になります。かく言う私も、なんとなくしっくりこないのですが。

この時点で私は、彼らが問題点をクリアできずにいることに好奇心をかき立てられ、スティーブのいったい何が問題なのかと内心で首をかしげたが、彼らはみなスティーブについて具体的なことは話せない様子だった。そこで私は興味を惹かれたことについて、「なにげない風を装って」分析的な質問をすることにした。

シャイン▼横から割り込んですみません。いったい管理部長というのはどういう仕事なのかと興味をそそられまして。どんなことをする立場なのですか。

CEO（辛抱強く、目下の者に教えるような調子で）▼そうですね、多くの役割をとりまとめることになります。人事部のあらゆる役割、内部会計・金融のあらゆる機能、広報……。

アル（不意に、CEOの話をさえぎって）▼まさにそこが引っかかるのです。スティーブは管理者としては抜群ですが、広報業務を担当できるようには思えません。

事業部長▼おっしゃるとおりです、アル。スティーブはいい奴ですが、マスコミにうまく対応できたためしがない。

財務部長▼同感です。広報以外の仕事については、まさしく適任なんですが。

アル▼これはおかしなことになったぞ。広報活動は管理部長の重要な仕事であるはずなのに。いや実際、私の見るところでは、広報活動をするうえで、環境問題の専門家を相手にした問題はいっそう厄介になってきています。ピンジャラでの採鉱作業も、所有権を主張する先住民の声をめぐって、政府の方針とぶつかるようになっています。もしかすると、環境問題と広報のみを担当する部長を新たに置くべきなのかもしれません。

ＣＥＯ▼それはいい考えかもしれない。みんなはどう思う。

財務部長▼うまく問題を解決できるんじゃないでしょうか。スティーブには、われわれの誰もが太鼓判を押す役割を担ってもらい、広報については新たに役職を設けて、全幅の信頼を寄せられる人を雇いましょう。

全員が同意し、私たちはふたたび、なごやかに会話を楽しんだ。

学び

●私の「なにげない」質問がきっかけになって問題解決へ至ったのだとは、誰も気づかなかっただろう。ほんのわずかな、さりげない介入によって、クライアントが新たな角度から問題にアプローチするのを後押しできることを、私はあらためて学んだ。彼らはたった一つのプロセスしか持たずに、問題――スティーブとその長所あるいは短所を分析すること――に取り組んでいた。だが、一人の幹部が持つさまざまなスキルについて考えるためのツールを持っていなかったために、分析のしようがなかった。私の質問によって、問題解決プロセスは、スティーブではなく、するべき仕事に焦点を当てるものになり、あとでわかったとおり、それによって彼らはスティーブの称賛に値する能力と値しない能力について議論するための分析手段を持つことができた。私は問題解決の**プロセス**を変えた。そのため彼らは解決へ向けて前進できたのである。

CASE 14
P&Gクインジー工場におけるチーム・ビルディングのためのリトリート

プロクター・アンド・ギャンブル（P&G）は、製造プロセスを変える重要なプログラムを全工場で進めているところだった。私は、ボストン近くのクインジー工場の工場長であるアートのコンサルタントを務めていた。私の仕事はアートとそのチームにときどき会って、アートがメンバーのスキルを評価するのを支援することと、彼のマネジメント・スタイルについて感想を伝えることだ。チームは、マネジャー数人と、組織開発（OD）の専門家が一人という構成だった。このODの専門家は、もともとは組合の従業員だったが、ODのスキルを学んでくるように言われ、のちに工場へ呼び戻されて、チームやマネジメントの問題についてアドバイスをするようになっていた。

元社員にODのスキルを学ばせ、すでに関係が築かれている工場に呼び戻すというのは、そのスキルを無理なく組織に行き渡らせるためのきわめて賢明な方法であり、P&Gが全社的な生産性向上プログラムの一環としてすべての工場で実施している方法だった。アートは、会社から離れたところでチーム・ビルディングのためのリトリートを行いたいと考え、私とODの専門家に会って詳細を詰めたいという意向を伝えてきた。私たちはMITのファカルティ・クラブ（教員用レストラン）で昼食をとりながら話し合うことになった。そして、さて話を始めようという段になったとき、私はスムーズな進行のためにきわめて「つまらない質問」をした。

シャイン▼アート、リトリートには実のところ何人が参加するんですか。

アート▼ちょっと待ってください……。主任技師に、人事部長、品質管理部長、購買部長、それに財務部長……。いや、財務部長はまだわからない。なにしろ未だに実力を証明できていないのだから……。別の誰かに替えるべきなのか……（長い間《ま》）……いや、エド、おかげでよく考えることができました。信頼しきれないメンバーとリトリートを、果たして行うべきなのかどうか。リトリートは延期しましょう。

ODの専門家▼それが賢明だと思います。役割をしっかり果たせるかどうかわからないメンバーとチームになるのは、リスクが高い気がします。リトリートに来るメンバーには誰に対しても、「あなたはチームの一員だ」とはっきり言えなければならないのです。

アート▼申し訳ない、エド。ただ、延期するだけですから。

シャイン▼謝るようなことでありませんよ。最終的なメンバーが決まらないうちは、この判断は適切だと思います。

学び

●思うにこれは、誰が参加するのかという、なにげないが的を射た質問がきっかけとなった成功例であった。また、チームをつくってしまってからメンバーを一人はずす混乱を避けるために、する必要がありながらアートがまだしていなかった分析でもあった。さらには、答えのわからない質問をコンサルタントがすることと、目標やプロセスについては具体的に何をするかにまで踏み込んでクライアントに話し合いをしてもらうこと、その重要性を裏付けるものでもあった。

CASE 15
販売組織でチームベースの文化をつくることを断念する

ある日、複数の事業部を持つ大企業の営業部長から電話がかかってきた。

営業部長▼シャイン教授、実は営業チームの再編を考えているのですが、じかにお話を伺えないでしょうか。チームの文化を変えたいと思っています。ご意見をぜひ聞かせていただきたいのです。来週MITへ行きます。ランチをご一緒にいかがでしょうか。

シャイン▼それはぜひ。火曜か水曜なら空いています。

営業チームを再編してその文化を変えるというのは実のところ何を意味するのだろうと私は大いに好奇心を刺激され、喜んでランチをともにすることにした。以下が、その折の会話である。

営業部長▼問題が起きていると、私は思っています。わが社にはさまざまな製品ラインがあり、各ラインを専門の営業グループが担当しています。ところが彼らは、マーケティングと販売のすべてを統轄するコーポレート・セールス・マネジャーからも指示を受けているのです。顧客から、多くの不満が寄せられています。セールスパーソンがいろんな部署からいろんな情報を持ってやってきて、互いに相手の言うことを否定したり、ときには正反対の話をすることもある、と。そこで、訓練プログラムを始めて、セールスパーソンたちのなかに協力と協働の文化を築こうと思うのです。

シャイン▼現在のシステムがどのようなもので、将来のシステムとして理想的だとあなたが思うのはどのようなものなのか、何かわかりやすい例を挙げていただけますか。

具体的な行動を挙げてほしいと求めることによって、私は、「協力の文化」という言葉を使って彼が何を言おうとしているのかをはっきりさせようとしていた。具体例を挙げてもらい、望ましい変化が起きたら未来の行動はどのようなものになるのかをクライアントに想像させるとき、支援者はクライアントの「考える」プロセスに影響をもたらしている。未来の状態が具体的な行動という形で定義されると、そこで初めて、その変化を既存の文化が可能にするか、それともさまたげるかを判断できるようになるのである。

営業部長▼今は、営業のための訪問スケジュールをそれぞれの課ごとに組んでいるので、セールスパーソン一人ひとりがそうしたスケジュールを調整することはありません。私は彼らにチームとして訪問してもらいたいと思いますし、売り込みの口上も一緒に考えてほしいと思っています。われわれが販売しているものや、どんな取引や割引をしたいと思っているかについて、もっと統一されたイメージを顧客に持ってもらうためです。現状では、さまざまな営業グループが、矛盾することを言ったり、売ろうとするものをめぐって競争したりしながら、顧客に取引を申し出てしまっているのです。

シャイン▼私が正しく理解できているか確認させてください。現状では、いろいろな部署からてんでばらばらにセールスパーソンが来る。御社が申し出ている割引や取引について、セールスパーソンがそれぞれ違う話をする。そんなふうに顧客の目には映っているかもしれない、ということですか。

営業部長▼そのとおりです。われわれは、もっと一致協力し、同じ話をし、個人としてではなくチームとして顧客を訪問するよう、セールスパーソンを教育する必要があるのです。

シャイン▼なるほど。では、セールスパーソンたちがチームとして一緒に顧客を訪問し、協力し合ったことによって、顧客が本当に必要としているものを販売できたとして、あなたはどのように彼らに報酬を与えますか。現在の報酬体系はどうなっていますか。それも変わることになりますか。

これは欠くことのできない診断的な問いかけである。読者のみなさんもご承知と思うが、セールスパーソンというのはたいてい、個人を対象としたインセンティブ・システムに基づいて給料が支払われ、ノルマがあり、競争する個人として報酬を与えられるものだからである。望む変化に伴って起きるものごとに、クライアントがもし気づいていなければ、ときとして支援者が詳しく説明することになる。

営業部長▼むろん、セールスパーソンがみなそうであるように、わが社においても、インセンティブやノルマは個人ベースで与えています。しかし私としては彼らに、チームとして取り組む姿勢や団結心を養って、顧客をともに訪問してほしいと思うのです。

シャイン▼現在の報酬体系から考えて、それは可能なことだと思いますか。

営業部長▼どういう意味でしょう。

シャイン▼たとえば、彼らがチームとして顧客を訪問し、力を合わせて、顧客の本当の問題を解決できた場合、グループベースの報酬やインセンティブを新たに設けるつもりがありますか。この部署のより深い文化として、個人ベースからグループベースのインセンティブへ変えることを、前向きに考えていますか。

営業部長▼この組織でそんなことが起きるなど、まさかという感じです。業績評価は個人単位で行うのが当たり前ですから。

シャイン▼では、そうした個人ベースの文化の範囲内で、顧客からの苦情を減らすために、ほんの少し変えられそうなことが何かありませんか。

この瞬間、私はクライアントの本当の懸念——顧客からの苦情——に焦点を当て、営業組織の報酬体系を丸ごと変えなくても、そうした苦情にうまく対処することが可能かどうかを確認している。

営業部長▼もしかしたら、各課共通のスケジュール調整システムを改善して、どのように顧客を訪問するか、工夫できるかもしれません。あるいは、同じ顧客を複数のセールスパーソンが訪ねることがわかった場合は、訪問する前に売り口上を考え直すことにするとか……ほかにも、ある顧客について定期的に話し合う場を設けたら、その話し合いのなかから各自にとって役立つ情報を得られるかもしれない。

シャイン▼どれも無理なく実行できそうですね。

営業部長▼いや、おっしゃるとおりです。おかげで、よくわかりました。訓練プログラムを実施して協力と協働の文化を新たにつくる必要など、ないのですね。

「文化を変えたい」という自分の願望からどんな状況が引き起こされるかを、具体的な行動を思い浮かべて分析するよう促されたクライアントは、起こりうる結果とできることとできないことについて、熟考し始める。このクライアントは、文化を根底から変えるのではなく、ちょっとしたアダプティブ・ムーヴをするという観点から考えることを余儀なくされ、本当に気がかりに思っていることに気づいたのだった。

学び

●自分が望む変化によってどんな問題が起きるかを、つまり、望みどおりの変化を起こすためには、その文化のほかの何を一緒に変えなければならないかを、多くのクライアントはあまり考えない、ということがよくわかった。彼らは文化を「狭い」観点から、すなわち、もっと大きなシステムに影響をもたらすことなく操れる、単独で存在するものとして考える傾向がある。また、現在の文化——ここでは、個人ベースのインセンティブ・システム——が、過去に成功した、ゆえに一筋縄では変えられない構造やプロセスから生まれたものであることに、なかなか気づかない。

●本当の問題点を認識しなければならないことも、よくわかった。この事例では、顧客から苦情が寄せられることと、それを減らすことである。「協働の文化」という、既存の文化を丸ごと変えるような計画を考えるより前に、顧客を何人か選び、最も不快に思うことが何かを詳細に話してもらったら、それもまた一つのアダプティブ・ムーヴとなっただろう。今にして思えば、いちばん迷惑なのはずばり何か、その点を顧客と話したことがあるかどうかを、私は尋ねるべきだった。

コンサルタントの、またはクライアントのプロセス・ソリューションを変える事例

CASE 16
GEリン工場におけるエンジニアの離職率低減を成功させる

コンサルティングをするうえで、この内容と場所はまさに理想的だと思う機会が、ときに巡ってくることがある。そんな機会となったのが、マサチューセッツ州リンにあるゼネラル・エレクトリック（GE）社の工場の人事部長から、工場で起きているエンジニアの離職率の高さについて力を貸してほしいと依頼されたときだった。私はいつもと同様、クライアントの考えや思いを話し合うために、MITに来てもらった。ランチをともにしながら、彼は統計データを見せた。そこには由々しき事態が――毎年のように雇用するきわめて優秀な新人エンジニ

アのうち、かなりの人が二、三年以内にやめてしまうことが示されていた。

　そうしたエンジニアの離職率を減らすのが改善目標であることは明らかであり、その点はクライアントも私も同意見だった。ただ、私が同意できたのは、彼のデータの読み解き方や、この問題によって示されるものについての解釈や、離職率を減らす目標についてまでであり、膨大な人数のエンジニアにまずインタビューを行い、それから、幹部として変えるべき点を助言してもらえないかという申し入れについては承服しかねた。

　クライアントというのは、問題にどのように
アプローチしてもらいたいかなど決まっていると、たいていの場合考えている。コンサルタントが自分たちのためにできることやしてくれることがはっきりわかっているから雇うのだとも思っている。この事例のクライアントの場合は、分析した結果と助言を六カ月以内に聞かせてほしい、と私は依頼された。

　インタビューをし、具合の悪いところを見つけて、改善策を助言するというのはたしかに昔からあるアプローチであり、コンサルタントとして私は申し分のない仕事ができるだろう。しかし、そのアプローチに改善の余地があることを、離職率を下げるという目標の達成に役立つもっとよい「プロセス」があることを、私は直感していた。結局のところ、クライアントが欲しいのは、私の報告ではなく、離職率を減らすことなのだ。最終的なその目的地へ一足飛びに向かう方法が、何かないだろうか。

　私は、入社して二年目の、辞めてほしくないと思う典型的なタイプのエンジニアを厳選して

タスク・フォースを立ち上げ、この問題を彼らに任せることを提案した。タスク・フォースには、私のクライアントになり、協力してもらう。私たちは力を合わせて、離職者を減らすために、どんなデータを集めればいいかを決め、変革のための作戦を練る。私はコーチとして動き、一方、彼らは問題を自分たちのこととして捉え、解決へ向けてGEのマネジャーたちに対し説明責任を負うことになる。マネジャーたちには、彼らを抜擢することを認め、このプロジェクトに取り組むための時間を与え、よい結果をめざしてスケジュールを組んでもらう。

はっきりわかったのはあとになってからだが、このプランにはいくつもの重要な変化の原則が含まれていた。一つめ。コンサルタントが問題を自分のこととして捉えることはなく、人事部長もまた同様だった。問題は会社を去ろうとしている若いエンジニアに関するものなのだから、彼らに託して、診断し、解決してもらうべきである。二つめ。現在雇用されているエンジニアたちは、インタビューで何を尋ねるべきかや、現役の、および退職したエンジニアから集めたデータをどのように解釈すべきかを知るのに最適な立ち位置にいる。三つめ。現在勤めているエンジニアは、組織風土に関して、人々が辞める理由を示し、かつ緊急に対処する必要のあるデータをおそらく持っている。四つめ。現在勤めているエンジニアは、工場内でどのように改革を進めればよいかや、幹部に対してどのように結果を提示すれば文化的に受け容れてもらえるかについて、おそらく誰よりよくわかっている。五つめ（そして最も重要だと思われる点）。もしGEが積極的に、若いエンジニアたちから成るタスク・フォースを立ち上げ、彼らに時間を与えて離職の問題を解決させるなら、それ自体が重要な最初のアダプティブ・ムーヴになり、マネジャーたちが耳を傾け、改革を行うにやぶさかではないことを、エンジニアリング組織全体に伝えることになる。診断プロセスそのものが、最初にして最もわかりやすい介入になるのである。

タスク・フォースが創設され、彼らはコーチ役の私と話をして、まず、誰にどんなことを尋ねるかを計画し、次に、そして最も重要なこととして、どうすればこのプロジェクト自体が介入となって、工場内で改革を始められるかをじっくり考えた。タスク・フォースのメンバーには理解してもらう必要があった――インタビューをどのように行うかという方法そのものが介入になり、それによって、インタビューを受ける人たちに、もし受けなかったら考えなかったかもしれないことを考えてもらえるようになることを。さらには、選ばれてインタビューを受けるという、そのことをきっかけとして、GEにとどまることについての彼らの考え方に影響を及ぼすかもしれないことを。

メンバーはおよそ六カ月のあいだ月に一度私と話をして、エンジニアのやる気を間違いなく奪っている、しかし簡単に変えることのできる、工場の管理方法における数々の「衛生的な要因」を見出した。わけても大きな発見だったのは、作業計画を自分で立てる自由を、マネジャーが新人のエンジニアにあまり与えていないことだった。エンジニアは管理されすぎていた。そのことがタスク・フォースのメンバーの目に疑いの余地がないほど明らかになったのは、皮肉にも、このプロジェクトの実施にあたっていくらか自由を与えられたときだった。

タスク・フォースのメンバーは変化をもたらすきわめて優秀な集団になり、翌年も活動を続けて、離職の問題を解決し士気を高める一連の改革を実行した。解決策は驚くようなものではなかった。やりがいのある仕事を増やし、目標を明確にし、仕事のやり方をもっと自由に自分で決められるようにするというものだったのである。

もしこうしたことを見出すのに私たちが一年かそれ以上の時間をかけていたら、事実をマネジャーたちに納得させるのは大変な仕事になっただろうし、変えようとするあらゆることが輪をかけて厄介になっていただろう。原因をタスク・フォースのメンバーにみずから見つけ出してもらったことによって、変化を起こす方法についての土台づくりができた。彼らが得た詳細な情報は、マネジャーたちにきっと行動を変えさせるものだったからである。

学び

● 驚くほど多くのケースにおいて、コンサルタントは問題を自分のものとして捉えてしまい、放そうとしない。問題を組織に返し、自分は謙虚なコンサルタントの役割を引き受け、診断作業と提案された介入の実行との両方をみずから担うよう組織のメンバーをコーチしたほうが、効率的で効果も高まるのに、である。このケースでは、診断作業はどれもタスク・フォースのメンバーのほうがはるかにうまくこなしたし、そのプロセス自体が、離職者を減らしたいとマネジャーが思っているというメッセージをはっきり伝えることになった。もう一つ私が感心したのは、マネジャーが耳を傾けるものごとと、全く傾けないものごととを、「内部のコンサルタント」が実によくわかっていたことだ。彼らは、ＧＥの文化がどのように作用すれば変化をより効果的に起こせるのか、その微妙な差異を知り尽くしていたのだった。

● この仕事全体を通して目を見はったのは、状況の現実的な変化に応じて、私の役割が謙虚なコンサルタントからプロセスを診断する医者へ、さらにグループ・コーチへ必然的に変わったことだった。この経験によって、クライアントとの関係がひとたびレベル２になれば、そのレベルのまま、役割を変えられることが明らかになった。

● 私自身について言えば、文化的な内容を自分で解読するより、内部のグループをコーチするほうがはるかに楽しいことがわかった。また、文化の診断は、解決しようとしている具体的な問題の内部関係者がいちばんうまくできることを、あらためて確認できた。

CASE 17 営業組織において、文化をじっくり検討し「その価値を判断する」方法

数年前のこと、ドイツの製薬会社の現地子会社から、「主要ポストへの昇進問題」に関して支援してほしいと依頼を受けた。経営幹部らは、欲しいものと、それを手にする方法についてはすでに選び出していたが、計画の実行にあたり、「文化の専門家」を必要としていたのだった。私は重役会議に何度か呼ばれ、その会議で、問題の全体について議論が行われ、計画が明らかにされた。

問題というのは、営業部長の職に、内部昇進者を就かせるか、それとも外部から招くかということだった。現在の部長は、営業組織をつくり、三〇年にわたって運営してきたが、もうじき現役を引退するのだという。内部候補者は誰もが太鼓判を押す人物だ。だが、現部長の引退を機に、「営業組織の文化はこのままでいいのか、それとも何らかの点を変える必要があるのか」を確認しようということになったのだった。私はこの部の文化を調べて、それが内部昇進者によって「守られる」べきものか、それとも外部の人間によって「変えられる」べきものかを判断することになった。その疑問そのものは理にかなっていると思ったし、彼らは私が感心するほどすでにじっくり考え抜いていた。ただ、「どのように」進めるかについての彼らの提案には、私に言わせれば、問題があった。

彼らは私に時間と金を割り振って、一〇〇人以上いるセールスパーソン全員に個別にインタビューを行い、営業組織の文化を特定・評価することを求めていた。彼らの隠された意図が何なのか、私には全くわからなかった。内部候補者がアフリカ系アメリカ人で、どの程度人望があるのか任命する前に知っておきたいと考えているのかもしれないし、あるいは（または加えて）、彼のやり方や価値観がセールスパーソンたちのそれとぴったり合っていることを確認したいと思っているのかもしれなかった。

文化を評価したいと本当に思っているなら、個別にインタビューを行うプロセスは間違いだということを、私はそれとなく伝えた。そして代わりにグループ・インタビューを提案した。あらゆる部署を網羅する、斜めの関係でつくったグループでのインタビューである。もしセールスパーソンが互いの前で率直に話をするなら、個人よりグループで行ったほうが、文化の全体像が早く明らかになるのである。この件について、企画グループとＣＥＯは私と徹底的に話をし、グループ・インタビューが効果的で、よりよいデータがそろうという私の考えに同意した。やがて明らかになったとおり、販売組織の誇りは、経営幹部とセールスパーソンのあいだに高いレベルの信頼のあることが一つの理由で生まれており、そのため率直に話をすることに問題はなさそうだった。しかし、私とさまざまな話し合いをしている企画グループのメンバーは、経営幹部のうちトップ二人は、互いに相手の前では率直に話をしないかもしれないので、インタビューは個別に実施したほうがいいと考えていた。私は、企画グループとレベル２の関係ができているのを感じ、そのため進め方についての彼らの判断を信頼した。

ＣＥＯはこの計画を発表し、文化評価の支援者として私を紹介した。これが営業チームの未来にとってきっと重要なものになることを、彼ははっきり示した。個別あるいはグループのさまざまなインタビューによって、現在の文化について前向きな感情と否定的な感情を引き出し、未来の営業部長に内部の人材が就くべきかそれとも外部の人材が就くべきかについての質問を投げかけるかどうかは、私に一任された。

それから数カ月にわたり、私はセールスパーソンにグループ・インタビューを行って、ほぼ全員が既存の文化を支持していることを突きとめた。そして、文化とその文化を内部昇進者によって維持したいという強い感情について、報告書を書いた。

この結果には、文化そのものについて面白い展開があった。誰もが認めるのは、階層構造が徹底していることと、営業のしかたを部長が常に支配してきたことだった。彼は目標を告げるだけでなく、営業ツールを一揃い考え出し、セールスパーソンに使わせてきたのである。これが受け容れられてきたのは、実際にツールを使ってみると、たいへん役に立ち、仕事が楽になると実感できたためだ。セールスパーソンたちは次の点も指摘した。この部長の下にいる各課のマネジャーたちは、そのほうが仕事がうまくまわるならと、積極的にセールスパーソンに一定の自由を与え斬新な工夫を促している、と。権力と自主性の微妙なバランスのもとに成り立つことだが、ここではうまくいっており、そのためセールスパーソンたちは変わってほしくないと思っていたのである。

私が報告書に書いたことは快く受け容れられ、六カ月後に営業部長が退職すると、歓迎ムードのなか、内部候補者がその職へ昇進したのだった。

学び

- この事例によって、私はいっそう確信することになった。解決しようとしている問題に対してはっきりした考えがあったとしても、解決の方法について明確なあるいは有効な計画をクライアントは必ずしも持っておらず、そのためプロセスに関して支援を必要としている、ということを。私は医薬品販売の問題については何も知らなかった。しかしグループの文化を評価する方法については知り尽くしていた。
- 文化分析の最適な方法はグループを使うことだと、私はあらためて確認した。そのほうが、中心的な要素、いわゆる文化のDNAを早く見出せるのだ。この組織の文化の要素については、後任の問題とは関係のないものが多々あった。グループ・インタビューだったからそうした要素があっという間に明らかになったが、個別に行っていたら、それはとうてい不可能だっただろう。

CASE18
内国歳入庁の本部・支部間の問題を減らすことに成功する

アメリカ合衆国内国歳入庁（IRS）に関するこのプロジェクトは、私がリチャード・ベッカードとつながりがあったことで生まれた。ベッカードは数々のワークショップで私とともにトレーナーを務めたが、MITのスローン・スクールで非常勤教授になってからはメンターというべき存在になった。そして、IRSの訓練開発部部長とレベル2の関係を築いていた。

IRS長官は、部門長（ワシントンで仕事をし、副長官〔DC〕を直属の上司とする。副長官は公務員であり、政治任用官ではない）が、地区局長（直属の上司はやはり副長官だが、地理的地域における収税方針についてさまざまな意味で独立性を持っていた）と争ってばかりいることに注意を向けていた。長官は組織をもっと円滑に機能させたいと思い、問題点を突きとめ、解決するプロセスを考え出すよう、副長官に指示をした。

訓練開発部の部長は組織開発のチェンジマネジメントの技法に精通しており、ベッカードのプロセスをぜひ使うようにと副長官に提案した。しかしベッカードは都合がつかず、彼から依頼されて私が行うことになった。このプロセスの最大のポイントは、適切な人々――この事例の場合は、副長官とともにすべての部門長および地区局長――を集めて、適切な種類のダイアローグ――彼ら自身が認識している問題への対処法について、合意を求めるダイアローグ――

をしてもらうことだった。

このミーティングの議題を決めるのに必要なのは、信頼の置ける社外のコンサルタントと、そのコンサルタントが情報を集め、整理して、ミーティングの場に持ってくることだった。全国各地にいるすべての人にインタビューを行うことは不可能だが、似た事例でうまくいったことがあるのは、問題に対する自分の見方と必要な対処法について要点を説明する親展の手紙を、部門長および地区局長の一人ひとりが外部のコンサルタント宛てに書くというプロセスだった。次いでコンサルタントは、手紙を誰が書いたかに関係なく問題をまとめ、それをグループ・ミーティングで提示する。目的は、参加者に早くから関わってもらうこと、そしてミーティングでの議題が間違いなく、彼ら自身が提供した考えに基づくものになることだった。

私は外部のコンサルタントとして招聘された。手紙の内容をまとめるため、そして、問題を解決すべく部門長および地区局長の全員と副長官が集まって丸一日行われるミーティングをファシリテートするためである。私はまずすべきこととして、訓練開発部の部長（コンタクト・クライアント）に会い、一連の作業を通じて、とりわけ部門長および地区局長に正直に手紙を書いてもらうにはどうすればいいかという点について緊密に連携した。それから、副長官（プライマリー・クライアント）に会って、レベル2の関係を築いた。そのため彼に、部門長および地区局長たちに誠実な手紙を書いて、このプロジェクトが彼が進めるものであり、丸一日をかけて行うこのミーティングに価値があると思ってもらえるなら、日々考えているとおりのことを遠慮せず私に知らせてほしいという旨を伝えてもらうことができた。私が個人を特定するつもりがないことも、はっきり記してもらった。

副長官はさらに、すべての部門長および地区局長に対してこのプロセスをじかに説明し、意見と賛同を求めた。全員が賛同し、手紙が私のもとへ届き、私はそれを分析した。そして、最も切迫した対立が起きている地域を明らかにすると同時に、よりよい調整や協働のためのまたとないチャンスをつかめるような、ミーティングの議題を編み出した。総合的なグループによるそのミーティングで、私はまず、議題に関する資料について確認と説明を行った。次いで副長官が、これが自分が主宰するミーティングであることをはっきり述べ、集まった人たちに建設的に参加することを求めた。

私はファシリテーターになって、問題点を明らかにし、ときに話をとりまとめ、全員の意見が一致しているかどうかを確かめた。その日が終わる頃には、新たな合意事項がそろった。副長官は、その管理スタイルが本部対支部の問題を悪化させる一因だという強い意見を伝えられた。そしてグループの人たちは、総合的な組織としてそれぞれの取り組みをどのように調整すべきかについて、はるかに深く理解してミーティングをあとにした。彼らは次の段階についても、たとえば総合的なグループの集まるフォローアップ・ミーティングをひらいて進捗状況をチェックするなど、さまざまな決定をした。

学び

●このケースが成功したのは、アダプティブ・プロセスの全体が内部および外部のコンサルタントによって共同で計画されたためだった。内部のコンサルタントは、うまくいくことや、副長官がどういう人物かをよく知っていた。一方、外部のコンサルタントは介入のプロセスを熟知しており、グループの人たちが問題と向き合えるようになるデータを集めることができた。ただし、内部のコンサルタントが十分に関わらなければ、どんな手段も講じることはできなかった。

●「上司」でありプライマリー・クライアントでもある副長官がプロセスの全体を、手厳しいフィードバックがある可能性を含めて理解し、受け容れることが、きわめて重要だった。このまま最後まで進めば必ずフィードバックを得て受け容れることになる、と彼に事前に注意を促すのは、私の責任だった。

●私宛ての手紙に考えを正直に書けたのは、副長官がミーティングの主宰者であること、および、グループにもっと協働してもらいたいと思っていることを、副長官自身が自分たちに確信させたからだと、大半の部門長および地区局長が述べた。

●ミーティングの開催によって、それまで気づかなかった相互依存の領域が浮き彫りになり、そのためすべての部門長および地区局長が互いの関係を深めることができた。丸一日をともに過ごしたことも、あまり堅苦しくない雰囲気のなか、互いをよく知ることにつながった。また、今後もミーティングを行う計画を立てたことで、互いとの関係を深めたいという気持ちが生まれた。一方、私は、すべての手紙に目を通したことで、協働に関する彼らの問題の本質をよく理解できるようになり、ミーティングをより効果的にファシリテートすることができた。

●インタビューのために私が全米各地をまわるのではなく、部門長および地区局長たちに私に宛てて手紙を書いてもらったのは、時間を節約する革新的な方法であり、ミーティングで話し合いたいと心から思う問題について彼らにじっくり考えてもらうことにもつながった。この方法が成功したのは、組織の中心メンバーがこれを自分たち自身が共同で取り組むべきものとして最初から捉えていたからだと思う。彼らは自分たちが望んでいるものがわかっており、そのことを私も承知しており、私たちは全員が、目標とそれを達成する方法を理解していたのだった。

●私の役割は、すべての段階でプロセスを管理することだった。手紙の内容を扱う役割も担っていたが、どうすれば彼らが効果的なミーティングを行えるようになるかを最優先に考えることによって、内容の誘惑を努めて追い払おうとした。

まとめと結論

●謙虚なコンサルティングが最も役に立つのは、クライアントの「思考プロセス」を、次の一つ以上の方法によって再構築する場合である。(一) 問題をもう一度、説明する。(二) クライアント自身の役割が何かを再考する。(三) コンサルタントがすべきことは何かを再考する。これらのプロセス領域でこそ、たとえ初めて会話をしているときであっても、驚くほどすぐに支援できる場合がある。再構築によって、自分が今何を知っているかということに、クライアントが気づくからである。コンサルタントは、クライアントが最初に考えた、あるいは提案したことを上回る、コンサルタントを活用するメリットを示して支援するのだ。

●クライアントはおよそ考えないが、現況のあらゆる側面でクライアントがコンサルタントと協力すると、内部関係者と外部関係者の視点を組み合わせて、今起きていることや、注目すべき点や、それについて何をすべきかを理解することになり、驚くほど素晴らしい成果を得ることができる。また、クライアントがさらなるアダプティブ・ムーヴを考え実行できるようにするという点において、コンサルタントはクライアントとコーチング関係——「役割コーチング」と考えるのが最も適切であるもの——を築くことによって支援する場合もある。コンサルタントは、共感することは必要だが、内容の誘惑は追い払わなければならない。コンサルタントは外部関係者であり、クライアントの文化のなかでうまくいくこととといかないことを、内部関係者のように直接知っているわけではないのだから。

読者への提案

- 仲間のコンサルタントと二人で、プロセスに関してどのような種類の支援をしたかという観点から、最近扱った事例をいくつか検討してみよう。互いに学び合うために、多くの事例を取り上げ、具体的に検討しよう。
- あるいは、友人か配偶者と二人で、純粋にプロセスという観点から、最近決めたことについて話し合ってみてもいい。もしほかに方法があったら、どのようにその決定をしただろう。その方法について、どのように感じるだろう。

7 新しいタイプのアダプティブ・ムーヴ

The New Kinds of Adaptive Moves

この最後の章では、複雑で厄介な問題の解決を支援する、という現実に焦点を当てる。そして、問題解決か特定のスキルの向上かのどちらかのための、「主流」となっている診断的な介入や解決策と対比して、アダプティブ・ムーヴの意味をもう少し具体的に述べる。アダプティブ・ムーヴはコンサルタントのかばんに入っているもう一つの「ツール」ではないし、「いつ何をすべきか」を決める公式があるわけでもない。なぜなら、実際の状況の複雑さ――コンサルタントとクライアントの性格や、関係を築く際にパーソナライゼーションと自分を偽らないことを組み合わせる必要があることなど――によって、さまざまなことが変わるからである。

診断および介入としてのアダプティブ・ムーヴ

大半のコンサルティング・モデルでは、介入は診断に基づいて行うべきだと述べられ、さまざまなタイプの診断が提案されている。すべての人にインタビューを行うもの、診断的な調査をするもの、あるいは、数々の診断ツールをクライアント組織の各所に与えて、整理・分類したりいくつもの診断項目についてグラフをつくったりするもの……。だが、こうしたモデルが効果的なのは、問題が明確で、それをクライアントが認識し、どの側面が関連があり、どのような改善策が有効かをコンサルタントとともに見出せる場合でしかない。組織に関する問題がますます複雑で厄介な、刻々と変わるものになってきていることを認めるなら、そのような診断プロセスは、控えめに言っても時間の無駄であり、悪くすると思いも寄らない害をもたらしかねない。

そうした問題は「組織文化診断」の領域でとくに多く見受けられるように思う。そこでは、まず一人ひとりの考え方についての調査が実施され、関連し合う考え方を集めて整理・分類が行われ、次いで、他の領域と比較されうる一つの領域として名前が与えられ、扱われる。しかし、もっと深いレベルでの文化はグループによって共有される現象であり、言葉で表したり理解したりはできるが、量で計ることはできない。文化の要素についての「評価」は、クライアントとコンサルタントが、取り組んでいる文化の問題に対し、レベル2の共通の理解を持って初めて検討できるようになるのである。

診断・分析・提案というモデルに代わるのは、診断情報を明らかにしつつ初期介入にもなるアダプティブ・ムーヴを、クライアントとともに考え出すことである。最初のアダプティブ・ムーヴはしばしば会話のなかで生まれる。するとクライアントは、自分の本当の懸念に気づき、組織に関する緊急の問題——懸念のそもそもの原因——が何かを突きとめ、さらに、コンサルタントとともに次のアダプティブ・ムーヴを考え出せるようになる（「アダプティブ」という言葉は、問題を特定することなどできないことを、「ムーヴ」は、どんな問題にも有効な万能の解決策などないことを思い起こさせる)。クライアントの本当の懸念がわかりさえすれば、クライアントとコンサルタントは協力して、次のムーヴ——場合によっては、ちょっとしたさらなる介入——を生み出せるようになるのである。

そうした「ムーヴ」を考え出すとき、私たちは、あらゆるムーヴが状況を変化させ、新たな情報を明らかにするという現実を、受け容れている。次いで、診断と分析が実は一枚のコインの表裏であり、私たちが生み出すあらゆるムーヴに伴って両方のプロセスが生じることがわかるようになる。

この考え方は、大がかりな介入をさまたげるものではないが、クライアントの本当の懸念と、どのような大がかりな介入をすればその懸念を軽減できるかを、コンサルタントとクライアントが正確に認識していることが前提になる。必要な変革がどのようなものかをクライアントがはっきりわかっている場合は、手間のかかる診断ステップと再訓練プログラム、再構築、プロセスの再設計を行うのが適切かもしれないが、予期せぬ結果が生じる可能性について注意深く考えることが必須である。そして、そうした考察からしばしば必要性——革新的になり、さまざまな人を集めて問題と必要な変化を検討し、会話をむしろ対話(ダイアローグ)へ変える必要性——が明らかになる。革新的なアダプティブ・ムーヴは安全性の分野でとくに重要な観念だ。それを示す事例を、これから見ていこう。

CASE 19
アルファ・パワー社における安全性の問題

重大な事故が起きたあとに組織が従来行ってきた安全審査の方法は、「根本原因」を探り、誰の、あるいは何のせいだったかを突きとめ、特定のことが二度と起きないようにするための新たな手順やルールをつくるという直線的なプロセスだ。ここで問題となるのは、事故直前の状況が複雑で厄介なものだったことと、多くの場合、根本的な原因はなくいくつもの事情が不運にも重なっただけという事実を、原因を探る際に、組織がつい見落としてしまうことである。

損傷した変圧器のPCB

アルファ社の変圧器の一つから、落雷が原因で油が付近へ漏れ出し、ただちに対処する必要のある火災が発生した。変圧器の責任者であるエンジニアは、変圧器の油にPCB（ポリ塩化ビフェニル）――危険な発がん性化学物質――が含まれていないか定期的に検査しており、油のなかには何も混入していないことを「知って」いた。しかし、爆発後すぐに現場で調べたところ、高いレベルのPCBが検出された。だが要らぬ不安をあおりたくないとエンジニアは思い、自分の測定結果が正しいかどうかを調べてもらうために、至急サンプルをいくつか研究所へ送った。

以上のことが起きたのは、研究所が休みになる労働者の日《レイバー・デー》の直前だった。結果として、会社が事態を知ったのは一週間後であり、その頃にはＰＣＢの値がきわめて高くなっていた。つまり、消防士や救急隊員らは危険な化学物質に数日ものあいだ、さらされていたことになる。会社はふたたび、罰金と「環境汚染をまたしても隠している」という悪評を受けることになった。

アルファ社にはあらゆる漏出についてただちに報告することを義務づける規則があったが、このエンジニアは、慌てて行動する前にデータを確認し、不要なパニックを招かないようにすべきであるというエンジニア文化に忠実であったため、彼の観点からすれば適切に行動していたといえる。ＰＣＢについての謎が明らかになったのは六カ月後のことだった。その変圧器がつくられたのは、ＰＣＢがまだ危険なものだと考えられていなかった二五年前で、防音対策用の「密封された」ロッドのなかに含まれており、そこにたまたま雷が落ちたのだった。

その後私が果たすことになった役割は「教育的」なものだった。私は、そのエンジニアはエンジニア文化では当然と考えられるものに従って行動しただけであるという主張を支持し、彼や研究所の落ち度を見つけようとしても意味がないことを示唆しつつ、環境や健康や安全性に関するプログラムを数多く積極的に実施し、成果を上げているにもかかわらず、環境当局の強い不信感をずっと払拭できずにいるという「心配の種」へ焦点を移した。そして、アルファ社がこの本当に向き合うべき問題を再検討して、事故はこれからも起きるかもしれないが、それでもよりよい状態をめざして自分たちが真剣に取り組んでいることを世間や検査官にきちんと示せるよう、支援した。

こうした取り組みから、次の二つのアダプティブ・ムーヴが生まれた。(一)あらゆる漏出について、自分がそれを危険と考えようが考えまいが、ただちに報告するという規則を強化する。(二)環境保護庁支局の取締官や職員を定期的に会社の会議に招いて、安全や環境に関するプログラムを続けていることを確認してもらう。この二つめのプログラムは、数年という時間をかけて、重要な成果を生み出した。たとえまた事故が起きたとしても、この企業が環境への影響を減らすために最大限の努力をしていることを、取締官は知っているのである。

学び

● すぐさま分析や責任追及のプロセスに入ることから、本当の懸念はアルファ社の取り組みに対して取締官が持っている否定的な見方だという気づきへ焦点を移したことで、結果として、革新的なアダプティブ・ムーヴが生まれ、取締官を組織に招いて、どのようなプログラムを実施しているかを確認してもらえるようになった。

一時休止のプログラム

下から上へのコミュニケーションは、安全性の分野においても、製品・サービスの品質の維持においても、きわめて大きな問題の一つである。アルファ社では、仕事中に安全上の問題に気づいたら、安全専門家が来て安全を宣言するまで作業を中断することを求めるようにと、長年にわたり従業員に申し渡してきた。しかし声を上げるのは従業員にとってなかなかできることではなかったため、従業員が取り出して作業の中断を宣言できるよう、会社はクレジットカードほどの大きさの「一時休止カード」をつくった。すべての従業員が、カードをいつどのように使うかについて訓練を受け、実際に使うことを奨励された。会社はこのプログラムをかなり誇りに思い、一方、従業員は安全に対する懸念を伝える手段を得たことを喜んだ。

プログラムが開始されて数年後、従業員によるいつものフォーカス・グループのなかに、このプログラムを安定的に行うことができず、問題視しているグループがあった。いったいどうしたというのか。とてもうまくいっているプログラムだったので、安全部長をはじめ上級管理職たちはこう思った。これは、安全に関するどのような問題が起き始めているのかを――こうした古いシステムで生じるさまざまなメンテナンスの問題に、限られた資源をどう割り振るかという点で知るべきことを――判断する重要な情報源になる、と。情報を集めるために、会社は、作業班の監督者の直属の上司である中間管理職向けのプログラムを立ち上げ、一時休止するごとに安全に関してどこが問題かを簡単に用紙に記入して説明させることにした。用紙は、まず監督者によって記入され、中間管理職が回収・分析し、その後本社へ送られ、さらに詳しく分析された。

そして中間管理職が気づいたのは、一時休止する回数が数カ月にわたり、監督者によってかなりばらつきがある、ということだった。そのため、「よい管理者」として、一時休止する回数が多い監督者たちに、「担当の班にどんなことが起きているのか。なぜ、こんなに何度も一時休止するのか」と質問した。彼らは気づいていなかったが、この質問に多くの監督者が当惑した。ひいては、おまえたちには意欲がない、のべつ幕なくタイムをとってプログラムを悪用している、というメッセージを監督者が作業班に伝えることにもならざるを得なかった。予想外の結果に、プログラムはじわじわと機能しなくなり、安全の問題に気づいても報告するのをためらうということの新たな事態に対処すべく、次のアダプティブ・ムーヴを見つける必要が生まれたのだった。

学び

●複雑で完璧ではないシステムにおいては、よかれと思ってつくられたプログラムが、いったいどこがどうなって思いがけない結果を招くことになるか、予測するのはことのほか難しい。あらゆる試験的なプログラムを実施してなお、さまざまな監督者と作業班とが相互に影響し合っていることを中間管理職が図らずも知る結果となり、さらに、その知識を使うことで、プログラムのそもそもの目的であった情報を得るのが難しくなるなどとは、見通すことはできなかった。

きわめてよく似た事例を、国際的なエレベータ会社で扱ったことがある。その会社では、質の高い運営を標準化して維持するために、中央集権型のメンテナンス組織があらゆる問題を解決することになっていた。おかげで最高幹部は、問題が最も多いのはどの国かを突きとめ、原因について質問することができた。しかしのちに、そうした国々が自分たちの質問にどのように対応しているかを幹部らは知った。それらの国は、もはや問題を本部に報告せず、メンテナンス部を地方組織へ移し、結果として、質の高い中央集権型システムを維持するという当初の目的をないがしろにしていたのだった。

●新たに取り組むことになった問題は、安全のための情報システムが管理のためのコントロール・システムにならないようにするにはどうすればいいかということだった。それには、プログラム策定者とマネジャーと従業員が集まり、あらためて話し合いをして、何をすれば両者の必要性を余さず満たせるかを見出すことが、ぜひとも必要であった。

CASE20
アメリカ森林局における死者数を減らす

ちょっと変わった厄介な問題としては、アメリカ森林局の消防士の死亡数をいかにして減らすか、というものがある。私は今、国際的に活躍するコンサルタントで精神分析医でもある人に、表には出ずに協力している。経営陣に、「根本原因を分析」して「責任を負うべき人を見つける」のをやめてもらい、代わりに「どうすれば作業グループに、森林火災の厄介さを認識して受け容れ、グループベースのアダプティブ・ムーヴを考え出してもらえるようになるか」に取り組む仕事である。私の学者仲間のカール・ワイクは、そうした状況では「グループ・センスメーキング」が必要だ、とかねてより主張している。全体像を見て、危険がどこからやってくるかを知ることのできる人など、一人もいないからである（ワイク、一九九五年。ワイク&サトクリフ、二〇〇七年）。

ルールや手順があっても、あらゆる不測の事態に対応することは不可能だし、たしかな決定ができるほど十二分に状況を把握できる監督者もいない。必要なのは、目にするものをグループが伝えあい、集団として対応できるようにするアダプティブ・ムーヴだが、消防士の場合、緊急の課題に全神経を集中する必要があるために、一人ひとりの知覚が狭くなってしまう。そんな森林局に対し、私の仕事仲間が、興味深い革新的なアダプティブ・ムーヴを提案している。消防士が森林火災の消火にあたっているときには、必ず観察者を指定し、一歩離れたところに立って、状況の全体を理解するように努め、行動より前にセンスメーキングするために、情報をグループ全体に報告し続けること。さらに、この観察者の役は持ちまわりにして、すべての消防士が全体の状況を見る訓練ができるようにすること、というものである。

あらためて言うまでもないと思うが、一つの文化として、森林局にはいくつもの下位文化があり、それぞれ異なる前提——火災と戦う消防組織の主要な使命を、財産を守ることだとするか、命を救うことだとするか、あるいは野焼きを認める環境保全を促進することだとするか——のもとに作用している。そこから見えてくるのは、グループ・センスメーキングを含めた、いわゆる解決策を用いても、いくつもの目的と暗黙の前提を持つさまざまな不測の事態が起きて、思いも寄らない反応に直面することになる、という事実ではないだろうか。今や問題は、「どんな種類の解決策が命を救うか」ではなく、「次にどのような行動をとったら、消防組織に、鏡を覗いてみずからの前提と組織を検討してもらえるか」になっている。そしてもし、そうした行動を実際にとったら、内部関係者の新たなグループが生まれ、次のアダプティブ・ムーヴを求めて行動を起こすことになるだろう。

学び

●ここでの学びをまとめよう。まず、革新的な新しいタイプのアダプティブ・ムーヴが、現在のやり方より「よい」と言えるくらいには適切なものだと、組織の権力者たちによって受けとめられ、次いで、きわめて多くのそれまでとは違う話し合いやトレーニングが、変革を望む幹部および変革を起こすことを期待されている内部関係者のグループとともに、社内コンサルタントによって行われるようになる。繰り返すが、適切な人々を一つの部屋に集めて、新しいタイプの話し合いを促すことが、おそらく重要なムーヴになる。それはまた、問題の本当の厄介さをクライアントが理解できるようにすることがコンサルタントのとくに重要な仕事であることや、今までの解決策がもはや効果がないことや、問題解決の新たな方法やダイアローグによる新しいタイプの話し合いが最も重要なムーヴであることを、裏付けるものでもある。前章で詳しく述べたとおり、重要な変革とは、問題を見きわめ、取り組むための、新たなプロセスを考え出すことでなければならないのである。

CASE21 INPOが原子力発電所に対してよりよい支援を行えるようにする

この事例は、私の役割が支援者を支援するアドバイザーであるために、とくに興味深い。INPO（原子力発電運転協会）は、年間のスケジュールに沿って原子力発電所へ行き、業務を分析し、問題を特定し、その解決について支援を申し出る、という仕事をしている。問題として予想外だったのは、安全を保つための支援を得るのに発電所がINPOに資金を提供しているにもかかわらず、発電所のマネジャーたちが、程度の差はあれ、外部から評価されることに抵抗し、ＩＮＰＯの分析の結果についてきわめて自己防衛的になったことだった。

私は気がつけば、「支援」という人間的な問題について繰り返し語り、支援はその方法が重要であることを、いや、安全の問題を突きとめるよりはるかに重要であることを伝えていた。実のところ、分析をしたＩＮＰＯの人たちに「主要な問題が何かを突きとめるのに、現場でどれくらい時間がかかりますか」と尋ねると、「半日もあれば」との答えが返ってきた。安全に関する重要な問題の原因が、経営上や対人関係のトラブルにあるためである。

しかし、エンジニア文化ではそのような考察を妥当だとは認めないので、丸一週間をかけて、その考察はなんらかの処置や文書へと形を変えられることが少なくなかった。この手順はすっかりプロセスの一部になっていたが、工場や現場へフィードバックするその方法がクッションになり、フィードバックを比較的受け容れやすいものへ変えるチャンスを生み出していた。いつも必ず生み出されたわけではなかったが、新しいそのアダプティブなフィードバックの方法は、ＩＮＰＯの分析者と工場の従業員およびマネジャーとのあいだでレベル２の関係を築こうとすることがカギになっていた。

学び

● 生産性と、タイム・マネジメントと、有能でありたいという人間らしい願望とが一緒くたになっているところに、安全性をぽんと投げ入れたら、誰もがつい、「いちばん重要なのは安全性だ」と言うだろう。しかし、高危険性産業で起きていることを観察すると、信奉されているこの価値観がゆらぐことになる。そして、ほかの有用性のためにいつも安全性が犠牲にされるせいで、安全性の問題は複雑で厄介になる（アマルバーティ、二〇一三年）。ＩＮＰＯでは、原子力発電所に加え石炭火力発電所も抱える電力会社における、現場の複雑な経営構造のなかで、そうしたことが起きた。また、原子力発電所のマネジャーたちが自己防衛的になるのは、効率性とコストに敏感であれと経営陣からプレッシャーをかけられるせいでもあった。そのため、ＩＮＰＯとしては、いつどのように現場のマネジャーたちをフィードバック・セッションに参加させるべきかが、重要な戦術的問題の一つになった。諮問委員を務めた五年を思い返すと、私の最大の貢献は、問題解決のために注意を傾ける先を、より優れた分析者になることからよりよい支援者になることへ移したことであった。

会話の性質を変える
――革新的なアダプティブ・ムーヴ

この章を結ぶにあたり、アダプティブ・ムーヴと介入についてきわめて革新的な考えを示していると私が感心した事例をいくつか紹介しよう。中心にあるのは常に、クライアントがどんなことを懸念しているのか、本当に欲しいものは何か、どんな問題に取り組む必要があるか、という問いに対する答えの見つけ方だ。また、クライアントが答えを見つけるのに役立つ最も重要なアダプティブ・ムーヴは往々にして、早い段階で生まれている。

CASE22
成功したアダプティブ・ムーヴと失敗したアダプティブ・ムーヴ――DECの戦略再考

DECは一九八〇年代には素晴らしい成功を収めていたが、テクノロジーとコンピュータ市場、それに社内のダイナミクスが変化したことで、恐ろしく厄介な問題を次々と抱えることになった(シャイン、二〇〇三年)。テクノロジーの変化によってコンピュータの設計がいっそう複雑になり、エンジニアリングとソフトウェアのさまざまなグループがいっそう協働する必要も生まれた。人々に自由裁量権を与えるケン・オルセンの管理スタイルは、新製品を生み出す革新的な若い組織のなかでうまくいっていたが、成功し、時が経ち、成長するにつれて、製品づくりに大勢が関わるようになり、彼らは力を持ち、悪影響が出るほど互いに競争するようになった。

DECの文化の中心にあるのはイノベーションであり、なまじ最初の頃の製品がヒットしたせいで、DNAに強力な「商売の遺伝子」がなく、それが足を引っぱり、人的その他のコストが途轍もないものになってしまった。しかしケンは従業員を解雇することを頑としてはねつけた。従業員は言うなれば彼の子どもであり、彼らに忠誠を尽くすことがDECの強みの一つになっていたのだった。

DECのストーリーには道理に合わないところが多々あったが、その一つは、彼らに本質を見抜く力がなかったわけではないことだ。ケンとマネジャーたちは外部、内部を問わずあらゆる変化に気づくことができた。ただ、アダプティブ・ムーヴを考えることができず、代わりにイノベーションと持続的な成長を当て込んだ。マーケットが小型で使い勝手のいいデスクトップへシフトしつつあるのがなぜわからないのかと、ビジネス・アナリストや外部のコンサルタントは首をひねった。重要なのは、気づいたが対応しないことを選び、自分たちの製品の賢いファンたちが、ずっと成長していけるだけの市場を必ず提供してくれると当てにしたことである。DECは一九八〇年代末に、複雑で厄介というほかない状態になった。私は、DECのさまざまな部署と契約している大勢の内部組織開発コンサルタントと連携し、何度も合同会議をひらいてDECを支援する最適な方法を見つけようとした。しかし、主要な幹部たちの個人的な強い力が作用している場合、効果的なアダプティブ・ムーヴを行うのはいよいよ難しくなるものである。

ただ、ケンの激昂に対して行ったアダプティブ・ムーヴは成功した。冷静さを失ったときに、ケンがこれはと思う幹部をみんなの前で口汚く罵るのは、誰もがひどく不快に思いながら止められずにいたプロセスだった。そこで私は、ケンの罵言に運営委員会が対処できるよう支援する際に、彼は何かを「不安に」思ったときに「怒りを覚える」のではないかという仮説を述べた。グループの人たちは、ケンが不安を募らせてきたのを感じると、事態をしっかり管理できていることを示すデータを彼に見せることにした。すると、彼が罵言を吐く回数が目に見えて減少した。これはある意味、私が行ったアダプティブ・ムーヴの最もわかりやすい例といえる。ケン自身を変えることはできなかったが、グループはケンに対する自分たちの対応の仕方を変え、次いでケンの態度もいくらか変えることができたのだった。

私はまた、ケンが全幅の信頼を寄せる人事部のシニア・バイス・プレジデントや、運営委員会と協力して、みずからの帝国を支配し、徐々に力をつけてきた「有力者」集団をケンが監督するのを支援すべく、その方法を毎年のように練っていた。有力者集団すなわちウッズ・ミーティングは、運営体制の重要な部分になっていた。次にすべきことに関してケンがコンセンサスを求めるのが、このミーティングだったからである。このミーティングには外部関係者が呼ばれて、グループの考え方に刺激を与えたり、ケンが強調したい考え、あるいはほかの幹部がケンにどうしても聞いてもらわなければならないと思う意見を示したりすることも少なくなかった。一九八〇年代末に行われたあるミーティングで、ケンはまとめ役のスーに言った。「次のウッズ・ミーティングでは、製品戦略について話し合うぞ」。これによってはっきり示されているのは、ケンが、重点的に取り組む必要性は承知しているが、方法はわかっていないということだった。

ミーティングで非建設的な激論が起きないようにするために、スーと私は次のように合意した。世界的に有名な戦略の権威で、DECでも人気のある、今は亡きスマントラ・ゴシャール教授を招いて、概念的情報を話し、戦略的焦点へつながるエクササイズを行ってもらおう、と。参加するのは、すでに提示されている製品オプションの提案者三人を含む、主要な上級管理職の全員だ。私の役割は、問題の深さと厄介さを大まかにスマントラに伝えることと、ウッズ・ミーティングのあいだ可能なかぎりの方法で支援することだった。

ミーティングはメイン州の森の奥深くにあるケンの別荘で行われた。話し合いや食事のための一般家屋に加え、四人ないし六人泊まれる小さなロッジが五棟、それにいろいろな娯楽用の施設もそろった別荘である。山の麓の湖畔にあり、たどり着くには、六時間かけて町から林道を進むか、小規模な空港のある最寄りの町からヘリコプターで飛ぶかだった。私たちはみな、六人乗りのジェット機に乗り、数人ずつピストンでボストンから最寄りの小さな町へ飛び、そこからさらにヘリコプターに三〇分乗って、別荘に到着した。ウッズ・ミーティングの一日はおおむねいつも、午前中と午後の早い時間に真剣な議論を行い、残りの午後は娯楽のイベント、ディナーのあとにミーティングというスケジュールだった。参加者は、山へハイキングに行ったり、カヌーに乗ったり、ホースシューズ（蹄鉄投げ）やバレーボールをしたりして、ぜひ楽しんでほしいと言われた。ケンはみなに、いろいろなことを一緒にして、互いを信じあい、実効性のある合意に達するようになってほしいと思っていた。

このリトリートでの私の役割は、ケンの近くにいて、彼が考えや不満を私と二人だけで話せるようにすることだった。私はほとんどずっと聞き役で、してほしいことをしてくれないさまざまな人について彼が怒りを延々とぶちまけるのに、ひたすら耳を傾けた。折あるごとに、私は総体的な見方を提供しようと思って、その人たちがそのように行動する理由について考えられるところを述べ、問題に対する別の見方を提案し、ときにはイライラと思い煩うより社内の信頼できる人たちと話をするようにと勧めたりした。そうしたことを何年も続けるうちに、ケンには相談できる相手がいないに等しく、私のいちばんの役目は提案することではなく——することもあるが——、ケンに自身の考えを整理する機会をもたらすことだと、私は気がついた。怒りをぶちまけたあとで、ケンはよくこう言ったのだ。自分のしたいことが、やっとわかった、と。

リトリートで、スマントラが言葉を尽くして示したのは、コストが過剰で、資源が限られているために、三つの主要製品——アクエリアスという新しいコンピュータ・システム、アルファ・チップ、新たな検索エンジンのアルタビスタ——の開発がすべて進められなくなっている状況に集中すべきであるということだった。活発な議論が行われ、大筋で全員が合意した。しかし私には、ミーティングのときもその後数カ月のあいだも、三つの主要製品の提案者一人ひとりが、自分こそがDECの未来のカギを握っていると確信しているのが見て取れた。ケンはある程度の合意に達したなどと幻想を抱いていたが、彼に見えておらず理解もできていなかったのは、彼ら有力者たちのあいだの衝突がいよいよひどくなり、どうやら、互いに嘘をついたり、大げさな主張をしたり、技術的な問題を過小評価したり、さまざまな悪賢い方法で互いの資源を盗んだり、といったことが起きていると思われることだった。もしケンがもっと違った性格の持ち主だったら、三人全員をクビにしたかもしれないが、彼らは彼の「子どもたち」だった。ケンは彼らの優れた頭脳を尊敬しており、本心をいえば、互いに角突き合わせるようなふつうの人間だと、彼らのことを思いたくなかったのである。

運営委員会および取締役会の各メンバーがアダプティブ・ムーヴを考え、事態を収拾しようとしたが、一九九〇年代初めに、争いはさらに激しくなってしまった。ケンはしだいに自分を抑えきれなくなり、ついに取締役会によって引退を余儀なくされた。その後、取締役会はもっと独裁的な人を責任者に据え、会社の「立て直し」に取りかかったが、売却の方向へ進むのだろうというのが大方の見方だった。

学び

● 長年DECのコンサルタントを務めてわかったことのうち最も重要なのは、多くの複雑で厄介な問題のなかには、解決することも改善することさえもできないものがある、なぜならクライアント組織の各部署によってつくり出される目標や価値観は根本的に異なっているからだ、ということだった。成功し、時が経ち、成長するにつれて、システムのさまざまな力が思いも寄らない方法で変化することを、私は知った。私が支援をしてなお、なぜDECは失敗したのかと尋ねられたら、冗談まじりにこう答えることしかできない。「私か、誰かほかの支援者がいなかったら、もっとずっと早くに駄目になっていただろう」と。

CASE23
サーブ・コンビテック社で変わった種類の会話を生み出す

問題解決のための話し合いとしては珍しい種類の会話を、さまざまな人のあいだで行ったケースに、サーブ・コンビテック社（サーブ社の技術部門）のリーダーと共同で計画したワークショップがある。サーブ・コンビテック社は六つの研究ユニットで構成され、各ユニットが会社の異なる部門の所属になっていた。私のクライアントであるペル・リスバリが私に依頼したのは、なんらかの活動を通して、この研究ユニットのリーダーたちに、それぞれ独立したユニットとして機能するのではなく協働できる可能性があることを知らせてほしい、というものだった。よく話し合ったのちに、ペルと私は四部構成の、三日間にわたるミーティングを行うことにした。

第一部で、私が文化の概念とその解釈の仕方を説明する。その後、各ユニットはメンバーから二人を「民族誌学者（エスノグラファー）」に任命し、この二人は第二部で別のユニットに入ってそのユニットの文化について学び、わかったことを第三部で全体に報告する。第四部では、各ユニットが共通して持っていて、かつ、協働を進めるための土台となるような文化的テーマがどこにあるかを、全体で話し合う。文化的レンズを使って互いを観察し、観察したことについて互いに話し合うことになった結果として、それまでとは全く異なる種類の議論が始まり、その後数年にわたってさまざまな形の協働が生まれたのだった。

学び

●このワークショップが成功したのは、組織のリーダーと共同で計画したためだ。彼は、自分が望むものをよくわかっており、とても熱心に、私とともにアダプティブ・ムーヴ——この事例では、メンバーの会話の仕方というプロセスに「大いに介入する」こと——を考えた。彼はまた、介入を自分のこととして捉え、自分の必要性を推進力にしていた。彼と私のあいだで高いレベルのパーソナライゼーションができていたことによって、この経験のすべてが、私にとってとくに満足のいく成功したコンサルテーションになった。

CASE 24
シェル社のE&P課でダイアローグを使う

ダイアローグによって話し合うことは、いかようにも変わりうる複雑な状況ではとくに有意義である。なぜなら、ダイアローグという形は、慌てて診断や決定をするのではなく、共通の基盤を見つけてどうすべきかを明らかにするためにともに考えることを前提にしているからである。

そんなダイアローグの例として興味深かったのは、シェル・オイル社のE&P（探鉱・試掘・開発・生産）課に協力して、彼らが文化の意味を理解し、希望の評価方法を明らかにする支援をしたときだ。この課の仕事と、土台となっている文化的前提について一日話し合ったのちに、評価の仕方に関しては課として全く意見を統一できないことがはっきりした。幸い、オフサイト・ミーティングであったため、夕食後にさらに話し合いの時間をとることができた。

私を含めた一二人全員が席に着くと、次のように私は言った。「今夜は少し違ったことをしてみたいと思います。部屋のなかを移動して、誰かとペアになってください。そして一方の人が、個人的にどのように評価してほしいと思っているか、評価とは自分にとってどういうものかを話します。質問したり、途中でさえぎったりはしないでください」

一同が頷き、それから三〇分ほどのあいだ、私たち（全員が男性だった）は、ペアになった相手がどのように評価してほしいと思っているかについて個人的な考えを述べるのに耳を傾けた。そのプロセスのなかで、通常の話し合いでは気づかなかった重要な文化的側面が何であるかが明らかになった。調査（E）担当のメンバーは全員が、自分たちは新たな石油鉱床を探し出すというリスクを冒しており、その勇気を評価してほしいと思っていた。つまり、リスクをとることに対して報酬を受けたいと思っていた。一方、生産（P）担当のメンバーが報酬を得たいのは、採取のプロセスを安全に管理していることであり、それには安全を脅かすものを予想し、できるかぎり避けることが含まれていた。言い換えれば、リスクを避けることに対して評価を受けたいと思っていたのである。あとから考えれば当然の結果だったが、「評価」という言葉の各自にとっての意味をダイアローグによって分析するよう提案されたからこそ、彼らは核心に気づくことができたのだった。

学び

- 問題が複雑で厄介になるにつれ、「何が問題なのか」や「本当の懸念は何か」「どこを変えればいいのか」を突きとめるそのこと自体も、複雑で厄介になる。にもかかわらず、事態をきちんと把握したいという心理的欲求によって、事実をねじ曲げるほどに事が単純化されてしまっている。つまり、「根本原因を知り」、「問題を突きとめて対処する」ことで前進している気になり、「何をすればいいかわかっている」という安心感を得ようとしてしまっている。しかしながら、明瞭な理解というのは、どうすべきかわからないと認めて初めて得られるものだ。ではここで、本書の第1章で述べた話へ戻ろう――大学医療複合施設のメンバーと行うランチ・ミーティングの話である。

CASE 25 大学医療複合施設のアドホック・ランチ・グループ

これは今まさに進行中の事例であり、アダプティブ・ムーヴについて考えを深めるのに打ってつけである。来月、私はこの大学医療複合施設の医師兼管理者たちとCOOに会って、六度目のランチ・ミーティングを行うことになっているが、どうすべきかは、やはりわからない。ただ、これまで自分が講じてきた手段をじっくり検討し、来たるべきミーティングで有効な支援を考えつく自信を高めることは可能だ。

一回目のミーティングでは、私たちは「チェックイン」をして、自己紹介と、このランチ・ミーティングに参加した理由を話した。誰もが持っていたのは好奇心と、病院の改善プログラムをたゆまず進めるための新しいアイデアを望む気持ちだった。COOが課題としていたのは、改善目標に関して「同じ考え方を持つ」キー・パーソンを、システムのなかに増やす方法を見つけることだった。

　グループの話に耳を傾けるうちに気づいたのは言葉、とくに文化という言葉が、曖昧で、統一された意味を持たずにたびたび使われることだった。おのずと私は、ときおり話をさえぎって具体例を求め、それから、文化についての自分の考えを説明し、専門家の役割を務め、自分を偽ることなく話すことによって、意味を明確にした。グループのなかに、表現されていないながら十分に理解されていない重要な下位文化があることにも気づいたので、関心を引き起こす質問をした。「みなさんが病院長だったら、最低の悪夢だと思うのはどんなことですか」。すると、「患者が正当な理由なく死亡すること」という返事が返ってきた。次いで、「メディカル・スクールの長《ディーン》だったら、どうですか」と尋ねると、「研究者が研究結果を偽り、それが明るみに出て、大学がとてつもない迷惑を被ること」との答えが返ってきた。めざすものが違うと、これほどまでに反応が変わるのである。

　次のミーティングでうまくいったムーヴは、多くのメンバーの話を聴き、それぞれの話が持つ感情的エネルギーのうちとくに意義深いものを選んで、その話へ会話を導いたことだ。あるメンバーが、手術室でイライラの募ることが重なったのちに、遅れてミーティングにやってきたため、彼の経験について全員で話し合ってはどうかと私は提案した。すると、手順で変えられると思われるところをいくつも彼らは述べた。しかしそのほとんどが、資源配分の仕方に関する基本的な手順を根本から変えるようなものだったため、私はまた「教育的なムーヴ」を試してみることにした。実行のおよそ不可能な大きな変化ではなく、確実に取り組めて、有意義な結果をもたらせる小さな変化という観点から考える必要性を、ごく簡単に話したのである。そうした変化が病院という環境ではどのようなものになるのかわからなかったが、私は個人的な経験のなかから例を挙げて意味するところを伝えた。

その次のミーティングで、このような形の話し合いをどう思うかとメンバーに尋ねたところ、枠にとらわれずに集まって話をするこの機会をほとんどの人が楽しんでいることがわかった。日々の仕事において彼らはあまりに多忙で、ちょっと集まって話をし、考えを分かち合う機会が皆無なのだという。勤労を善とする私たちの労働観は、ほんの短時間、集まって会話をする許可も口実も与えてくれないのである。

一連の経験のなかで最も意義深かったのは、主要なアダプティブ・ムーヴとして、ＣＯＯが外部関係者である私に、有志メンバーたちに会い、ランチをとりながら文化について話してほしいと依頼したことかもしれない。もしかしたら、また別のグループをランチタイムに集め、ダイアローグによる新たな形の話し合いをしてもらうというこのムーヴが、「小さな変化」の一つとなり、たとえば、たしかな人間関係を築いて、今取り組んでいる複雑で厄介な問題を明確に理解できる医師兼管理者が増えていくといった有意義な結果を、長期にわたってもたらせるかもしれないのだ。

どうすべきかわからないということを、私は思い悩まなくなっている。このグループがそうであるように、何をすればいいかは相手か私のどちらかがきっと考えつく。なぜなら、私たちはどんどん率直に話をし、信頼し合うようになっていくからだ。私にとっては、それこそが最も意義深い成果なのである。

まとめと結論

この章では、私が「アダプティブ・ムーヴ」と呼ぶものの性質とそのさまざまな形に焦点を当てた。「アダプティブ」と呼ぶことによって強調しているのは、それが「問題」に対する解決策ではなく、状況を改善したり、次のムーヴへつながるより診断的なデータを引き出したりすることを目的とした行動だということである。「ムーヴ」と呼ぶことによって伝えたいのは、それが壮大な計画でも大規模な介入でもなく、状況を改善するためのちょっとした取り組みだということである。

そうしたアダプティブ・ムーヴがすぐさま効果的な支援となるのを、私はずっとこの目で見てきた。支援となり、ひいては、コンサルタントとしてすべきことについての考えががらりと変わる。クライアントの懸念に集中し、クライアントに、次の一手をコンサルタントとともに考えるのだと理解してもらうことをめざすようになるのである。

組織という生き物がいよいよ複雑さを増し、今起きているあらゆるものごとがスピードアップしている現実を考えると、これぞアダプティブ・ムーヴだと思うのは、即興劇である。計画と仕組み、法則、型があれば安心はできるが、結局のところは役に立たないかもしれない。むしろ、率直に話をして、たしかな人間関係を築き、力を合わせて即興で行動を生み出すほうが、本当の支援をすばやく行ううえで効果が高いのである。

読者への提案

職場の二人以上の有志と集まろう。そして、互いや上司やパートナーと、新しいタイプの会話を始めたり、今までとは違う種類の個人的な関係を築いたりすることを検討し、それが職場や家庭でどのような意味を持つかを一緒に探ってみよう。答えを出そうとしないこと。また、最も厄介で面倒な懸念について、生活のなかでほんの少し変えられるところがないか、注意深く自由な発想で考えてみよう。

決まったやり方やツールのことは忘れよう。探究心を旺盛にし、好奇心を高められるかどうかを確かめてみよう。ダイアローグを行う目的は、問題の探求であって、結論に至ることではないのを忘れないこと。ダイアローグが終わるときになっても、何をすればいいかはわからないままかもしれないが、取り上げた厄介な問題について、その複雑さを以前より深く理解できるようになっているだろう。

結びの言葉
――本当の意味で役立つことについての最終的な考え

本書のまとめ、および結論に最もふさわしいものとして、これまで繰り返し説明しようとしてきた考えをあらためて紹介しよう。いずれも、実際に役立つ考えであり、第２章で述べたものだ。これらすべてを組み合わせた考えこそが、謙虚なコンサルティングの究極の意味である。

● 確実に支援するためには、本当の問題、すなわちクライアントの懸念が何かを突きとめ、その一方で、「本当の問題」などなく、一連の不安が至るところにあるだけだという事実を受け容れる必要がある。

● クライアントの懸念を突きとめるためには、クライアントと支援者が信頼し合い、率直に話ができることが必要である。自分の懸念を打ち明けられるくらい、クライアントは十分に安心できなければならないのだ。

● 支援の場では仕事の域を出ないレベル1の関係が珍しくないが、互いを信頼して率直に話をするためには、そのレベルを超えた、個人的な話のできるレベル2の関係を築く必要がある。

● 効果的なレベル2の関係を築くためには、初めて話をするまさにその瞬間から、「力になりたいという積極的な気持ち」と「好奇心」と「クライアントとその状況に対する思いやり」を態度で示すことによって、関係を打ち解けたもの《パーソナライズ》にする必要がある。

● パーソナライゼーションは、個人的なことに踏み込んだ質問をしたり、状況とそれについてのクライアントの気持ちとに共感的に耳を傾けたり、より個人的な考えや自然にわき起こる反応を伝えたりすることを通して生まれる。

● レベル2の関係を築けたと実感できたら、何が問題なのか、支援が本当に必要なのはどこか、次にどんなことをすればよさそうかを、支援者とクライアントは共同で進めるダイアローグのなかで探ることになる。

●問題が単純明快だとわかったら、支援者はみずから専門家もしくは医者の役割を担うか、あるいはクライアントを他の専門家か医者に紹介するといい。しかし問題が複雑で厄介だとわかったら、クライアントと支援者は、「これによって問題が**解決**されるわけではないかもしれないが、**次のアダプティブ・ムーヴ**へつながる新たな情報を得られる」ことを理解したうえで、実行可能な**アダプティブ・ムーヴ**を探すべきである。

●そうした決定は、共同で行う必要がある。なぜなら、コンサルタントが、なんらかの提案ができるほど十分にクライアントの個人的な状況や組織文化について知ることは決してないし、クライアントが、自分だけでなんらかの行動を決定できるほど十分に、調査などの診断プロセスツールを使った介入のあらゆる結果について知ることも決してないからである。

●そのため、コンサルタントは責務の一つとして、さまざまなアダプティブ・ムーヴの結果を理解し、そうした結果のポイントをクライアントにしっかり伝えて、クライアントがそのムーヴを行う準備ができているかどうか判断する必要がある。

すべての項目に共通しているのは、それらが、役に立ちたいという積極的な気持ちと、好奇心と、思いやりから生まれるものであることだ。そして、その根本には、尊重され大切にされたいと願うクライアントを前にしてなお、クライアントが直面している状況の複雑さと厄介さを前にしてなお、変わることのない謙虚な姿勢がある。これまでと、どんな点が全く違うのだろう。それは、個人的な関係になる《パーソナライズする》必要があることと、プロセス全体の最大の原動力として好奇心を重視していることである。

これからどうすればいいか
——謙虚なコンサルティングの広範な影響

最後に重要な、しかしショッキングな考えをお話ししよう。

コンサルティングのこの新たなモデルが、広く一般の支援プロセスにも応用できることは言うまでもない。子どもを持つ人が謙虚なコンサルティングをほんの少し取り入れると、子育てをいっそう上手にできるようになる。サービス業に従事する人なら、たとえばアップル社のジーニアス・バーの担当者のように、より効果的に販売したり問題を解決したりできるようになる。医師や弁護士などの専門職なら、謙虚なコンサルタントであるほうが、よい支援を行うことができる。しかしながら、わけてもリーダーやマネジャーの場合はレベルを問わず、ときにこの役割を担わなければ、基本的な組織プロセスにおいて高い質と安心できる環境を生み出すのが難しいことがわかるだろう。

これはリーダーやマネジャーにとってきわめて難しいことだ。なぜなら彼らは、何をすべきかわかっているはずだ、ビジョンを持っているはずだ、どうすればいいかほかの人に指示できるはずだ、英雄であるはずだ、と常に思われているからである。しかし、どうすればいいかわからない問題や状況に、きっとますます多くぶつかることになる。彼らにとってなにより必要なのは、どうすればいいかわからなくてもいいのだと、受け容れられるようになることだ。それができたら、適切な人たち――おそらくは部下――を部屋に集合させ、ダイアローグをして、最良の次のアダプティブ・ムーヴを考え出そう。

ショックなのは、コンサルタントと同様に自分たちも、どうすればいいかわからない状況にぶつかるはずだということに、実のところほとんどのリーダーやマネジャーが気づいていないことだ。どうすればいいかわからなくてもかまわないのはリーダーも例外ではないのだと彼らが知り、そこから前進してくれることを、私は願ってやまない。

感謝の言葉

本書の執筆にあたっては、多くの仕事仲間やクライアントから影響を受けた。仕事仲間ではまず、ジェルヴァース・ブッシュに大きな恩がある。数年前、彼の『対話型組織開発（*Dialogic Organization Development*）』（二〇一七年に英治出版より刊行予定）とオットー・シャーマーの『U理論』――支援とコンサルテーションについての考え方を変えるきっかけになる――に注目しなければと最初に私に思わせたのは彼だった。実際に書くのは、あることを自分が「知っている」のかどうかが本当の意味で試される唯一の場であり、息子ピーターや編集者のスティーブン・ピエールサンティと交わした数々の会話が、たいへん大きな助けになった。

考えを理論へ組み立てるときには、デビッド・ブラッドフォードやノーム・クック、フィリップ・ミックス、ジョー・サンズギリとの、熱く得るところの多い会話に大いに助けられた。息子のピーターも、内容の濃い考えや感想をくれた。息子とは、次の本『謙虚なリーダーシップ（*Humble Leadership*）』を共同で書きたいと私は思っている。考えの正当性は、ローザ・カリーヨ、ジョン・クロンカイト、ティナ・ドゥエルファー、メアリー・ジェーン・コルナッキ、ティム・カプラー、尾川丈一、ダイアン・ローリンズ、ジャック・シルバーシン、トニー・サッチマン、アイリーン・ワッサーマンら、仕事仲間や友人が一緒に確かめてくれた。考えの取捨選択を会話のなかで手伝ってくれたのは、マニシャ・バジャル、キャスリン・スカイラー・ゴールドマン、メイ・リン・ファン、キムバリー・ウィーフリング、リリーとピーターのチェン夫妻、マージョリー・ゴッドフレイだ。ほかにも大勢に助けていただいたが、書ききれていないことをどうか許していただきたい。

アイデアは、発表するなかでより明確な形を持つようになる。真摯に耳を傾けてくれる一方で批判的になる可能性を秘めたみなさんに、支援プロセスについてのこの新しい考え方を発表する機会を与えてくれたことに対し、ジェフ・リチャードソンとサウスベイ組織開発ネットワークに感謝を申し上げる。

言うまでもないが、本書の完成を陰で支えてくれたのは、ともに問題に取り組んだクライアントである。彼らは複雑な問題を提示しただけでなく、どうすべきかを模索して私と関わるなかで、この新しい考え方に欠かせない要素の数々を教えてくれたのだった。

著者紹介——著者みずからの言葉によって

私は、「現実の仕事」の世界に入る前は学問畑にいた。シカゴ大学で一般教養を学び、スタンフォード大学で社会心理学の修士号を、ハーバード大学社会関係学部で社会心理学（社会学と人類学を含む）の博士号を取得した。実験社会心理学者になるつもりだったが、博士号の取得後にウォルター・リード陸軍研究所で意義深い時間を過ごしたことにより、MITのスローン・スクールで今しているような研究をしてみようと決心した。ただ、一九五六年にそう決めたときには、まさか経営の世界に足を踏み入れ、大きな志を持つ全く別の種類の学生の前に立つことになり、さらには、現実に起きている、私が何の知識も持っていない重大な問題に関して、実世界の組織と話をする機会を得ることになるとは夢にも思わなかった。

一方で、科学者として教育を受けたことによって、私は学習者にもなっていた。本書を執筆しているまさにそのときに、好奇心の重要性や、組織開発の歴史が始まった頃に「探究心」——言うまでもなく、科学の原点——と私たちが呼んでいたものの重要性に気づいたのである。

コンサルティングが興味深いものであると同時に厄介なものであることにも気がついた。私たちは支援をして報酬を得ているが、読んで知っているコンサルティングのモデルはおよそどれも、クライアントから突きつけられるものに役立ちそうになかった。私は、目の前の現実を既存のモデルに無理やり当てはめるより、自分が経験していることを記録し、その経験から何を学んでいるのかを理解するほうが重要だと判断した。また、この頃に、社会学と人類学が理論と概念の重要な源であることに気がついた。

人間科学においては実験が適切でないことも学んだ。調査をする、つまり支援プロセスの一部として質問するというまさにその行為が、観察中のプロセスに介入し、それを変化させてしまっていたのである。ただ、私は科学者として教育を受けたため、経験を観察し、詳細に記して理解しようとすることは、「正しい科学」の領域にあると判断した。たびたび考えたのは、人間の活動世界において、私たちはまだ、さまざまな概念や理論を観察し、詳細に記し、試してみるという初期段階にあり、すべてを説明する一連の統合的な概念を見つけてはいないということだった。そうした概念を探す際に私たちにできる最善は、さまざまな経験のなかで自分が観察したことと、その観察から見出しうる意味を、ともに仕事をする人たちに話すことである。そのような意味を「結論」と私たちは表現する――ただしそれが、次世代の観察者やセンスメーカーによって、捨てられたり受け容れられたり、あるいは詳しく述べられたりすることになる、現段階での仮説にすぎないことを十二分に承知したうえで。この謙虚な精神があってこそ、「支援のプロセスとはこのように機能するものだ」と言えるし、ゆえに「支援しようと思うときにするべきことはこれだ」と言えると私は思う。

経営学会から最優秀学者・プラクティショナー賞を、国際組織開発ネットワークから組織開発における生涯功績賞をいただいたということは、今までのところ、この道筋で間違っていなかったのだろう。だが、学習プロセスが終わることは決してない。

シリコンバレーで仕事をしているために、私は新たな問題、すなわち、大変な速さでイノベーションが進むこの世界でリーダーシップはどのように進化するのかという問題に意識が向き、必然的に次のプロジェクト――『謙虚なリーダーシップ（*Humble Leadership*）』と題する本の執筆――に取り組もうと思うようになった。この本は息子のピーターと共同で書こうと思っている。息子は、シリコンバレーという知的活動の中心地でリーダーシップとマネジメントに関して多様な経験を積み、この先組織がぶつかる問題がどれほど厄介になるか、今日提案されているリーダーシップ・モデルがどれほど現実にそぐわないものになるかということに、私同様、目を向けている。

私は、次の著書に取り組むときはいつも、これが私の「最終的な考えだ」と思って書く。ところが次から次へと新たな問題にぶつかるため、観察し、詳細に記録して、意味を見出さなければと、いつもそんな気持ちに駆られている。

シャイン、2009年　Schein, E. H. *Helping* (San Francisco: Berrett-Koehler)　エドガー・H・シャイン『人を助けるとはどういうことか――本当の「協力関係」をつくる7つの原則』（金井壽宏監訳、金井真弓訳、英治出版、2009年）

シャイン、2010年　Schein, E. H. *Organizational Culture and Leadership. 4th ed.* (San Francisco: Jossey-Bass, Wiley)　エドガー・H・シャイン『組織文化とリーダーシップ』（梅津祐良、横山哲夫訳、白桃書房、2012年）

シャイン、2013年　Schein, E. H. *Humble Inquiry* (San Francisco: Berrett-Koehler)　エドガー・H・シャイン『問いかける技術――確かな人間関係と優れた組織をつくる』（金井壽宏監訳、原賀真紀子訳、英治出版、2014年）

シャイン＆ベニス、1965年　Schein, E. H., and W. G. Bennis. *Personal and Organizational Change through Group Methods* (New York: Wiley)　E・H・シャイン、W・G・ベニス『T. グループの実際――人間と組織の変革 1』（伊東博訳編、岩崎学術出版社、一九六九年）　E・H・シャイン、W・G・ベニス『T. グループの理論――人間と組織の変革 2』（古屋健治、浅野満訳編、岩崎学術出版社、1969年）※二分冊

シャイン＆ヴァン・マーネン、2014年　Schein, E. H., and J. Van Maanen. *Career Anchors. 4th ed.* (San Francisco: Wiley)　エドガー・H・シャイン、ジョン・ヴァン＝マーネン『キャリア・マネジメント――変わり続ける仕事とキャリア パーティシパント・ワークブック』（木村琢磨監訳、尾川丈一、藤田廣志訳、白桃書房、2015年）

センゲ、1990年　Senge, P. *The Fifth Discipline* (New York: Doubleday)　ピーター・M・センゲ『学習する組織――システム思考で未来を創造する』（枝廣淳子、小田理一郎、中小路佳代子訳、英治出版、2011年、原著増補改訂版）

ワイク、1995年　Weick, K. E. *Sensemaking in Organizations* (Thousand Oaks, CA: Sage)　カール・E・ワイク『センスメーキングインオーガニゼーションズ』（遠田雄志、西本直人訳、文眞堂、2002年）

ワイク＆サトクリフ、2007年　Weick, K. E., and K. M. Sutcliffe. *Managing the Unexpected. 2nd ed.* (San Francisco: Jossey-Bass, Wiley)　カール・E・ワイク、キャスリーン・M・サトクリフ『不確実性のマネジメント――危機を事前に防ぐマインドとシステムを構築する』（西村行功訳、ダイヤモンド社、2002年、原著第一版）

参考文献

アマルバーティ、2013年　Amalberti, R. *Navigating Safety* (Dordrecht, Springer Netherlands)

バレット、2012年　Barrett, F. J. *Yes to the Mess: Surprising Leadership Lessons from Jazz* (Cambridge, MA: Harvard Business School Press)

ボーム、1989年　Bohm, D. *On Dialogue* (Ojai, CA: David Bohm Seminars)

ブッシュ＆マーシャク、2015年　Bushe, G. R., and R. J. Marshak, eds. *Dialogic Organization Development* (San Francisco: Berrett-Koehler)

ゴッフマン、1959年　Goffman, E. *The Presentation of Self in Everyday Life* (New York: Doubleday Anchor)

ゴッフマン、1963年　Goffman, E. *Behavior in Public Places* (New York: Free Press)

ゴッフマン、1967年　Goffman, E. *Interaction Ritual* (New York: Pantheon)　アーヴィング・ゴッフマン『儀礼としての相互行為――対面行動の社会学』（浅野敏夫訳、法政大学出版局、2012年、新訳版）

ハイフェッツ、1994年　Heifetz, R. A. *Leadership without Easy Answers* (Cambridge, MA: Harvard University Press)　ロナルド・A・ハイフェッツ『リーダーシップとは何か！』（幸田シャーミン訳、産能大学出版部、1996年）

アイザックス、1999年　Isaacs, W. *Dialogue* (New York: Doubleday Currency)

ランガー、1997年　Langer, E. *The Power of Mindful Learning* (Reading, MA: Addison-Wesley)　エレン・ランガー『ハーバード大学教授がこっそり教えるあなたの「天才」の見つけ方』（加藤諦三訳、PHP研究所、2002年）

マダネス、1981年　Madanes, C. *Strategic Family Therapy* (San Francisco: Jossey-Bass)

プルセック、2014年　Plsek, P. *Accelerating Health Care Transformation with Lean and Innovation* (Boca Raton, FL: CRC Press, Taylor & Francis Group)

シャーマー、2007年　Scharmer, C. O. *Theory U* (Cambridge, MA: SoL Press)　C・オットー・シャーマー『U理論――過去や偏見にとらわれず、本当に必要な「変化」を生み出す技術』（中土井僚、由佐美加子訳、英治出版、2010年）

シャイン、1969年　Schein, E. H. *Process Consultation* (Reading, MA: Addison-Wesley)　E・H・シャイン『職場ぐるみ訓練の進め方――スタッフ、コンサルタントのための指針』（高橋達男訳、産業能率短期大学出版部、1972年）

シャイン、1999年　Schein, E. H. *Process Consultation Revisited* (Englewood Cliffs, NJ: Prentice-Hall)　E・H・シャイン『プロセス・コンサルテーション――援助関係を築くこと』（稲葉元吉、尾川丈一訳、白桃書房、2012年）

シャイン、2003年　Schein, E. H. *DEC Is Dead; Long Live DEC* (San Francisco: Berrett-Koehler)　エドガー・H・シャイン『DECの興亡――IT先端企業の栄光と挫折』（稲葉元吉、尾川丈一監訳、亀田ブックサービス、2007年）

［著者］

エドガー・H・シャイン
Edgar H. Schein

1928年生まれ。マサチューセッツ工科大学（MIT）スローン経営大学院名誉教授。シカゴ大学卒業後、スタンフォード大学で心理学の修士号、ハーバード大学で社会心理学の博士号を取得。1956年よりMITスローン経営大学院で教鞭をとり1964年に組織心理学の教授に就任。1972年から1982年まで組織研究グループの学科長を務めた。2006年に退官し名誉教授となる。組織文化、組織開発、プロセス・コンサルテーション、キャリア・ダイナミクスに関するコンサルティングを行い、アップル、P&G、ヒューレット・パッカード、シンガポール経済開発庁など多数の企業・公的機関をクライアントとしてきた。『キャリア・アンカー』（白桃書房、2003年）、『プロセス・コンサルテーション』（同、2012年）、『組織文化とリーダーシップ』（同、2012年）、『人を助けるとはどういうことか』（英治出版、2009年）、『問いかける技術』（英治出版、2014年）など著書多数。

［監訳者］

金井 壽宏
Toshihiro Kanai

1954年生まれ。神戸大学大学院経営学研究科教授。1978年京都大学教育学部卒業、1980年神戸大学大学院経営学研究科博士前期課程修了、1989年マサチューセッツ工科大学でPh.D.、1992年神戸大学で博士（経営学）を取得。モティベーション、リーダーシップ、キャリアなど、働く人の生涯にわたる発達や、組織における人間行動の心理学的・社会学的側面を研究している。最近はクリニカルアプローチによる組織変革や組織開発の実践的研究も行っている。『変革型ミドルの探求』（白桃書房、1991年）、『ニューウェーブ・マネジメント』（創元社、1993年）、『企業者ネットワーキングの世界』（白桃書房、1994年）、『経営組織』（日経文庫、1999年）、『働くひとのためのキャリア・デザイン』（PHP新書、2002年）、『リーダーシップ入門』（日経文庫、2005年）、『働くみんなのモティベーション論』（NTT出版、2006年）、『明日を変える働き方』（日本実業出版社、2014年）など著書多数。

［訳者］

野津 智子
Tomoko Nozu

翻訳家。獨協大学外国語学部フランス語学科卒業。主な訳書に、『サーバントであれ』『シンクロニシティ【増補改訂版】』『チームが機能するとはどういうことか』（いずれも英治出版）、『仕事は楽しいかね？』（きこ書房）、『グレートカンパニー』（ダイヤモンド社）、『スタンフォード・インプロバイザー』『外資系キャリアの出世術』（ともに東洋経済新報社）、『夢は、紙に書くと現実になる！』（PHP研究所）、『5つのツール』（早川書房）などがある。

● 英治出版からのお知らせ
本書に関するご意見・ご感想を E-mail（editor@eijipress.co.jp）で受け付けています。
また、英治出版ではメールマガジン、ブログ、ツイッターなどで新刊情報やイベント情報を配信しております。ぜひ一度、アクセスしてみてください。

メールマガジン：会員登録はホームページにて
ブログ：www.eijipress.co.jp/blog
ツイッター ID：@eijipress
フェイスブック：www.facebook.com/eijipress

謙虚なコンサルティング

クライアントにとって「本当の支援」とは何か

発行日	2017 年 5 月 15 日　第 1 版　第 1 刷 2017 年 5 月 31 日　第 1 版　第 2 刷
著者	エドガー・H・シャイン
監訳者	金井壽宏（かない・としひろ）
訳者	野津智子（のづ・ともこ）
発行人	原田英治
発行	英治出版株式会社 〒150-0022 東京都渋谷区恵比寿南 1-9-12 ピトレスクビル 4F 電話　03-5773-0193　　FAX　03-5773-0194 http://www.eijipress.co.jp/
プロデューサー	山下智也
スタッフ	原田涼子　高野達成　藤竹賢一郎　鈴木美穂　下田理 田中三枝　山見玲加　安村侑希子　平野貴裕　上村悠也 山本有子　渡邉吏佐子　中西さおり　瀬頭絵真
印刷・製本	中央精版印刷株式会社
装丁	重原隆
校正	小林伸子

ISBN978-4-86276-225-2　C0034　Printed in Japan